ÉCOLE MUSICALE

MANUEL

DES PRINCIPES DE LA MUSIQUE

À L'USAGE

DES CONSERVATOIRES

DES ÉCOLES PRIMAIRES ET DES MAISONS D'ÉDUCATION

1.ᵉ PARTIE	2.ᵐᵉ PARTIE
Principes de la Musique	*Cours de Solfège*
30 C.ᵐᵉˢ	75 C.ᵐᵉˢ

Les deux parties réunies

1 Fᵣ

2.ᵉ Édition

Gand

CHEZ GEVAERT, ÉDITEUR DE MUSIQUE ET FACTEUR DE PIANOS

RUE DIGUE DE BRABANT 36

Propriété de l'Éditeur

1857

ÉCOLE MUSICALE

MANUEL

DES PRINCIPES DE LA MUSIQUE

À L'USAGE

DES CONSERVATOIRES

DES ÉCOLES PRIMAIRES ET DES MAISONS D'ÉDUCATION

<table>
<tr><td>1.re PARTIE
Principes de la Musique
30 C.mes</td><td>2.me PARTIE
Cours de Solfège
75 C.mes</td></tr>
</table>

Les deux parties réunies

1 F.

2.e Édition

Gand

CHEZ GEVAERT, ÉDITEUR DE MUSIQUE ET FACTEUR DE PIANOS

RUE DIGUE DE BRABANT 36

Propriété de l'Éditeur

1857

ÉCOLE MUSICALE.

PREMIÈRE LEÇON.

De la Musique et du Son.

1. La *musique* est un langage composé de simples sons, au lieu de renfermer des sons articulés et joints ensemble pour former des mots. La musique exécutée par les voix avec ou sans accompagnement s'appelle *vocale*, et celle exécutée par des instruments seuls, *instrumentale*.

2. Le *son* est un bruit produit par l'air, lorsqu'il est agité par un corps sonore, sur lequel on frappe ou qui est touché par un autre corps.

3. Il y a deux espèces de sons. La première est le son indéterminé produit par une voix parlante. La seconde est le son déterminé ou musical qui est produit par une voix chantante, un tube, une corde tendue, etc.

4. La *mélodie* est un chant agréable à l'oreille, formé par une succession de sons exécutés par une voix ou un instrument.

5. L'*harmonie* est l'union de divers sons exécutés en même temps par plusieurs voix ou instruments, ou par un seul instrument, comme le Piano, l'Orgue, la Harpe, la Guitare, etc., sur lesquels on peut exécuter plusieurs sons à la fois.

DEUXIÈME LEÇON.

De la Notation et de la Gamme.

6. On représente la musique par des signes que l'on appelle *notes*.

7. Il y a sept *notes*, que l'on nomme :

UT, RÉ, MI, FA, SOL, LA, SI,

et qui forment la *gamme*. Ces notes représentent sept sons montant progressivement. Pour compléter la gamme on y ajoute une huitième note, en répétant la première note de cette manière :

ut, ré, mi, fa, sol, la, si, ut.

8. On pose ces notes dans une *portée* de *cinq lignes*. Celle du bas est la première.

9. La *portée* sert à reconnaître les notes d'après la place qu'elles y occupent. On les pose *sur* les lignes et *entre* les lignes.

10. Outre les cinq lignes de la portée on ajoute de *petites lignes supplémentaires* au-dessus et au-dessous de la portée.

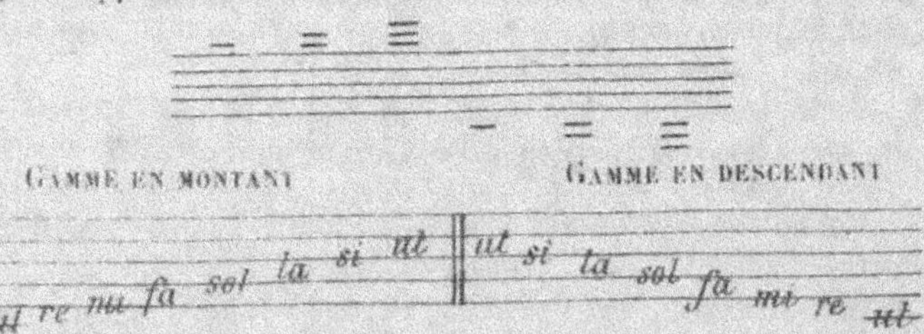

NOTA. En solfiant on substitue le nom de *do* à celui d'*ut*, parce que cette syllabe est plus douce.

TROISIÈME LEÇON.

Des Clefs.

11. Une *clef* est un signe qui donne la connaissance des sons et qui indique la position, le nom et l'intonation de la note.

12. Il y a *trois clefs* :

Celle d'*ut*

Celle de *sol*

Et celle de *fa*

13. On place la clef au commencement de chaque portée.

14. Les clefs les plus usitées sont la *clef de sol* sur la seconde ligne et la *clef de fa* sur la 4.ᵉ ligne.

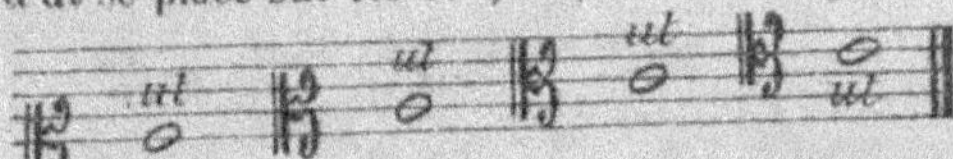

15. On emploie la clef de sol pour les sons aigus et la clef de fa pour les sons graves.

La clef d'ut se place sur les 1.ʳᵉ, 2.ᵉ, 3.ᵉ et 4.ᵉ lignes.

16. La *clef* en déterminant le nom d'une note fixe en même temps le nom des autres notes; donc, à la clef de sol, 2.ᵉ ligne, la note étant un *sol*, il s'en suit que la note entre les 2.ᵉ et 3.ᵉ lignes, placée un degré plus haut, est un *la*, et ainsi de suite.

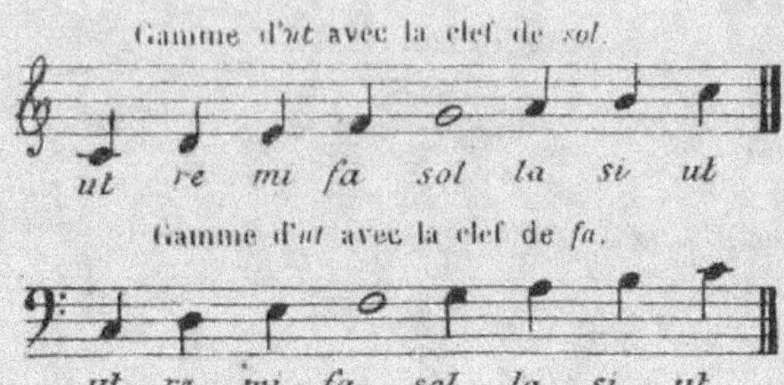

Exercice pour apprendre à connaitre les notes à la clef de sol.

Avec des lignes supplémentaires.

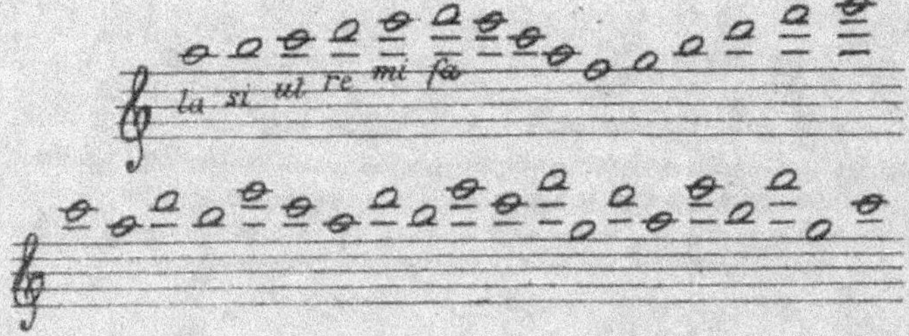

Exercice pour apprendre à connaître les notes à la clef de fa.

Avec des lignes supplémentaires.

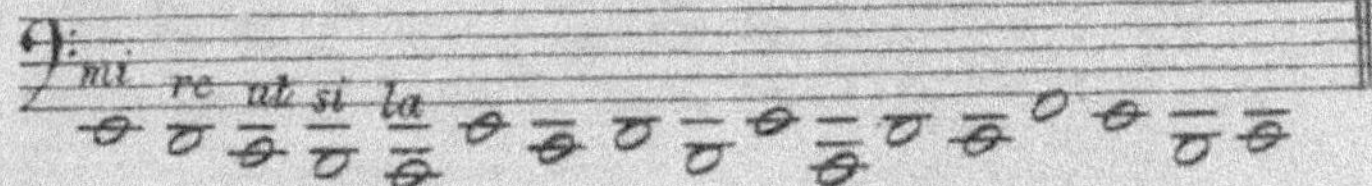

Nota. Les élèves qui n'apprendront que le solfège, au point de vue vocal, devront s'exercer spécialement sur la clef de *sol* sans lignes supplémentaires. Il n'en est pas de même de ceux qui veulent apprendre le Piano ; ceux-ci devront s'exercer à bien connaître les quatre exercices.

QUATRIÈME LEÇON.

De la valeur des Notes.

Il y a *sept valeurs* de notes dans la musique moderne ; ce sont :

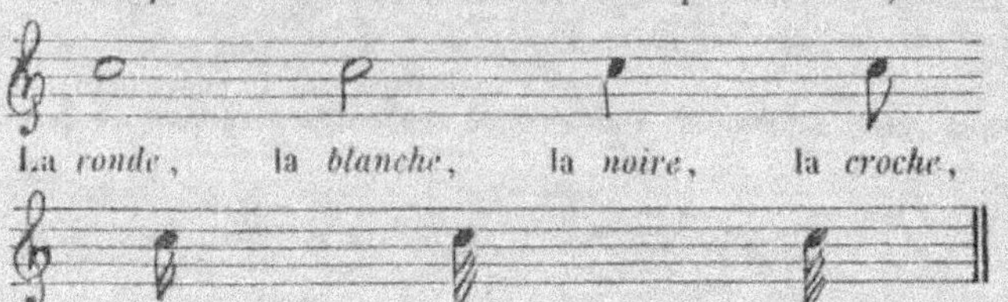

La ronde vaut deux blanches, ou 4 noires, ou 8 croches, ou 16 doubles croches, ou 32 triples croches, ou 64 quadruples croches.

La blanche vaut 2 noires ou 4 croches, etc.

La noire vaut 2 croches ou 4 doubles croches, etc.

La croche vaut 2 doubles croches ou 4 triples croches, etc.

18. La durée ou la valeur de chacune de ces notes est mesurée par des *temps*.

La ronde vaut quatre temps, la blanche deux temps, la noire un temps. Il faut deux croches pour un temps. Quatre doubles croches, ou huit triples croches, ou seize quadruples croches valent également un temps.

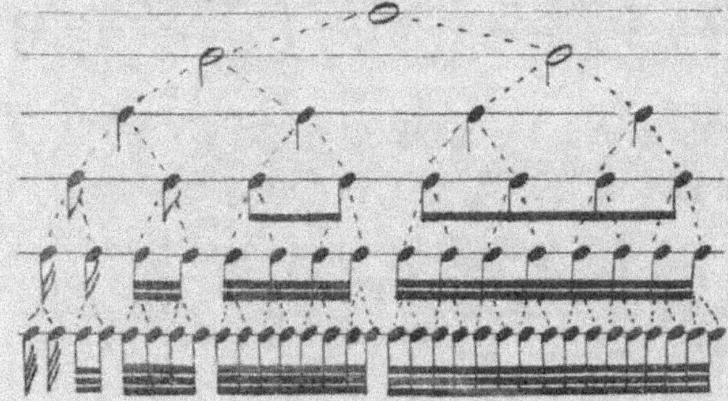

CINQUIÈME LEÇON.

Des Pauses ou Silences.

19. Il y a des *pauses* ou *silences* qui ont la même valeur que les notes.

20. Le *silence* correspondant à la *ronde* est nommé *pause*; il est représenté par un petit trait horizontal posé au-dessous d'une ligne de la portée.

21. Le *silence* correspondant à la *blanche*, nommé *demi-pause* est exactement comme celui de la *ronde*, avec cette différence que celui-ci est placé au-dessus d'une ligne de la portée.

22. Celui de la *noire* (nommé *soupir)* est formé comme un 7 ou z retourné.

23. Celui de la *croche* (nommé *demi-soupir)* est représenté par un 7

24. Enfin, ceux des *double*, *triple* et *quadruple* croches sont formés comme celui de la croche, sauf les traits ajoutés pour chaque silence.

25. Les *silences de plusieurs* mesures sont marqués comme suit : Pause de deux mesures   3 *mesures*   4 *mesures*   8 *mesures*

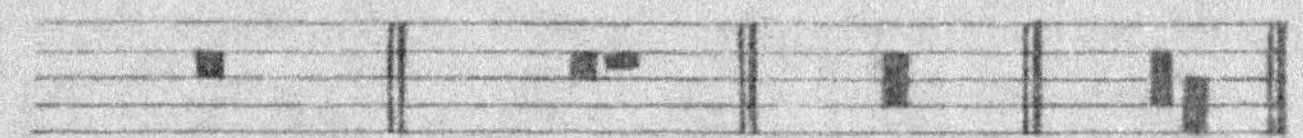

Quand il y a plusieurs mesures à compter, on marque généralement le nombre en chiffres au-dessus des pauses

Tableau comparatif des différentes valeurs des notes et des silences.

Ronde	Blanche	Noire	Croche
4 Temps	2 Temps	1 Temps	1/2 Temps
Pause	demi-pause	soupir	1/2 soupir

Double croche	Triple croche	quadruple croche
1/4 de Temps	1/8 de Temps	1/16 de Temps
1/4 de soupir	1/8 de soupir	1/16 de soupir

SIXIÈME LEÇON.

Du Point et du double Point.

26. Les figures musicales, outre leur valeur déterminée, en reçoivent souvent une particulière lorsqu'on ajoute à côté de ces notes un *point* d'augmentation.

27. Le *point* placé après une note l'augmente de la moitié de sa valeur.

Il s'en suit qu'une blanche pointée vaut une blanche et une noire, ou trois temps. Une noire pointée vaut une noire et une croche, ou 1 1/2 temps. Une croche pointée vaut une croche et une double croche, et ainsi de suite.

28. La note est quelquefois suivie de deux points.

29. Dans ce cas le second point vaut la moitié du premier; donc, la blanche suivie de deux points vaut une blanche, une noire et une croche. Une noire pointée vaut une noire, une croche et une double croche, etc.

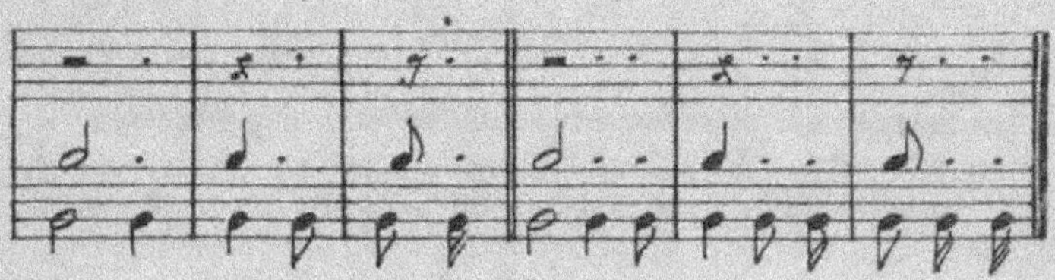

SEPTIÈME LEÇON.

Du Rythme et de la Mesure.

30. Le *rythme* consiste dans la division en plusieurs parties d'une mesure dans laquelle on exécute une certaine quantité de notes.

31. La *mesure* indique la valeur des notes.

32. On divise les *mesures* par deux petites barres séparées, entre lesquelles on place la quantité de notes indiquées par le chiffre.

33. Il y a trois espèces de *mesures*: à 2, 3 et 4 temps.

34. On bat ces mesures avec la main et de la manière suivante:

Mesure à 2 temps.

Le 1.ᵉʳ en battant,

Le 2.ᵉ en levant.

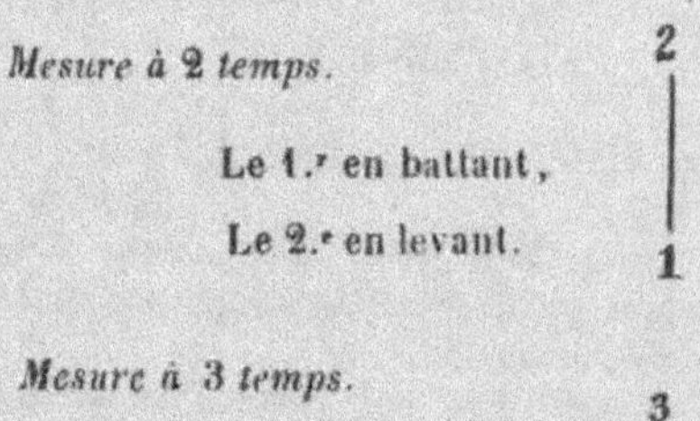

Mesure à 3 temps.

Le 1.ᵉʳ en bas,

Le 2.ᵉ à droite,

Le 3.ᵉ en levant.

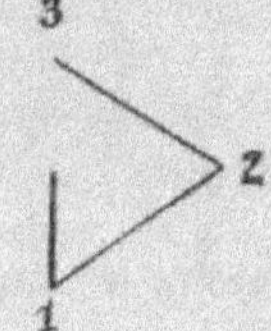

Mesure à 4 temps.

Le 1.er en bas,

Le 2.e à gauche,

Le 3.e à droite,

Le 4.e en levant.

35. La mesure est indiquée par des chiffres au commencement de chaque morceau.

36. Il y a deux chiffres superposés qui indiquent la mesure; on n'en place qu'un seul quand les deux chiffres sont les mêmes; on met 2 pour $\frac{2}{2}$ et 4 pour $\frac{4}{4}$. Le signe C représente aussi 4; quand il est barré $\mathcal{C}$ il représente 2 ou $\frac{2}{2}$.

37. Les chiffres inférieurs sont toujours 2, 4 ou 8. Ils représentent, le 2 une blanche, le 4 une noire, le 8 une croche.

$\mathcal{C}$ ou 2 indique que la *mesure* contient 2 blanches.

$\frac{2}{4}$	»	»	2 noires.
$\frac{3}{4}$	»	»	3 noires.
$\frac{3}{8}$	»	»	3 croches.
C ou 4	»	»	4 noires.
$\frac{4}{2}$	»	»	4 blanches.
$\frac{6}{8}$	»	»	6 croches.
$\frac{9}{8}$	»	»	9 croches.
$\frac{12}{8}$	»	»	12 croches.

38. Les *mesures* que l'on bat en *deux temps* sont:

Celle de 2 ou ₵ comprenant *une blanche* ou autres valeurs équivalentes pour *chaque temps*.

Celle de $\frac{2}{4}$ *une noire* ou autres valeurs équivalentes pour *chaque temps*.

Celle de $\frac{6}{8}$ *une noire pointée* ou trois croches ou autres valeurs équivalentes pour *chaque temps*.

EXEMPLES.

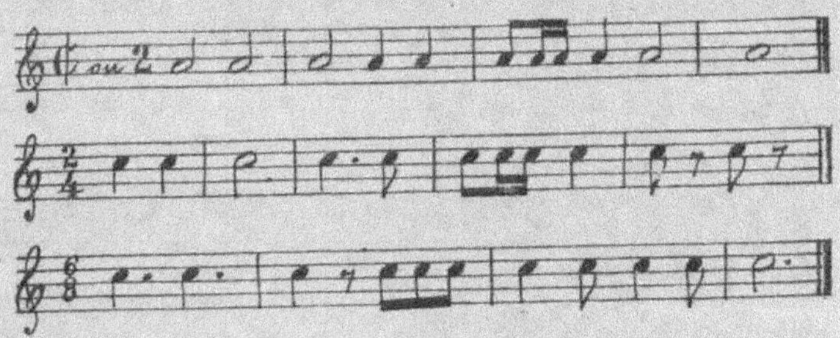

39. Les *mesures* qui se battent en *trois temps* sont:

Celle de $\frac{3}{4}$ comprenant une *noire* ou autres valeurs équivalentes pour *chaque temps*.

Celle de $\frac{3}{8}$ une *croche* ou autres valeurs équivalentes pour *chaque temps*.

Celle de $\frac{9}{8}$ une *noire pointée* ou 3 *croches*, ou autres valeurs équivalentes pour *chaque temps*.

EXEMPLES.

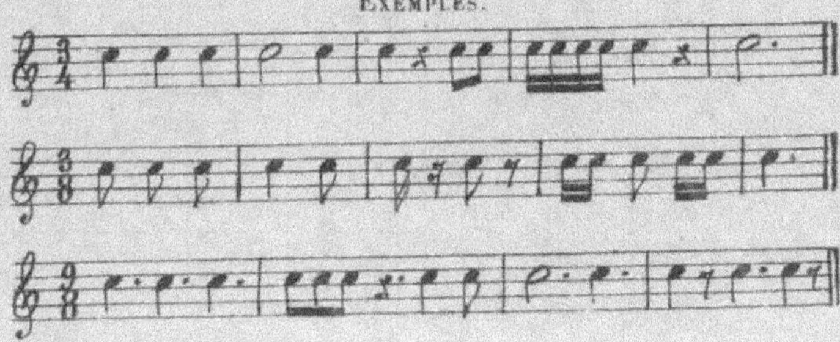

40. Les *mesures* que l'on bat en **4** *temps* sont :

Celle de **C** ou 4, *une noire* ou autres valeurs équivalentes pour *chaque temps*.

Celle de $\frac{4}{2}$ *une blanche* ou autres valeurs équivalentes pour *chaque temps*.

Celle de $\frac{12}{8}$ *une noire pointée* ou **3** *croches*, ou autres valeurs équivalentes pour *chaque temps*.

EXEMPLES.

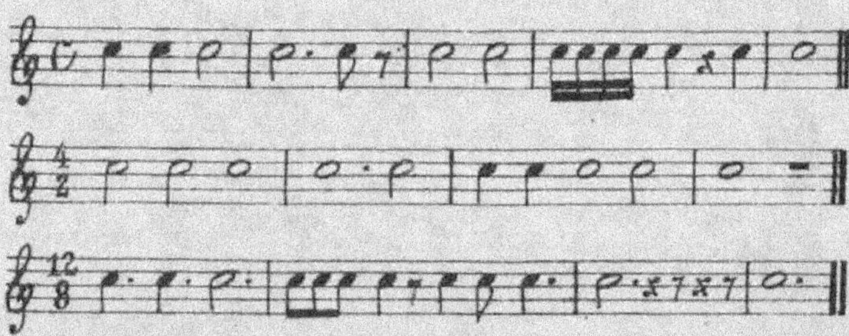

41. Dans les *mesures à deux temps*, le 1.ᵉʳ temps est le temps fort et le second le temps faible.

42. Dans les *mesures à 3 temps*, le 1.ᵉʳ et le dernier sont généralement forts et le second faible ; mais il est des cas où les deux premiers sont forts, et quelquefois le premier est le seul fort.

43. Dans les *mesures à 4 temps*, le premier et le troisième sont forts et le second et le quatrième sont faibles.

HUITIÈME LEÇON.

De la Syncope.

44. La *syncope* consiste dans une note qui appartient à *deux temps*.

EXEMPLE.

45. Deux notes liées d'égale valeur et à l'unisson produisent le même effet que la syncope. La *syncope* se fait sentir en prolongeant le temps faible de la mesure sur le temps fort.

EXEMPLE.

46. Deux notes liées qui remplissent chacune une mesure ne sont pas de véritables syncopes. On appelle cette disposition *tenue*.

EXEMPLE.

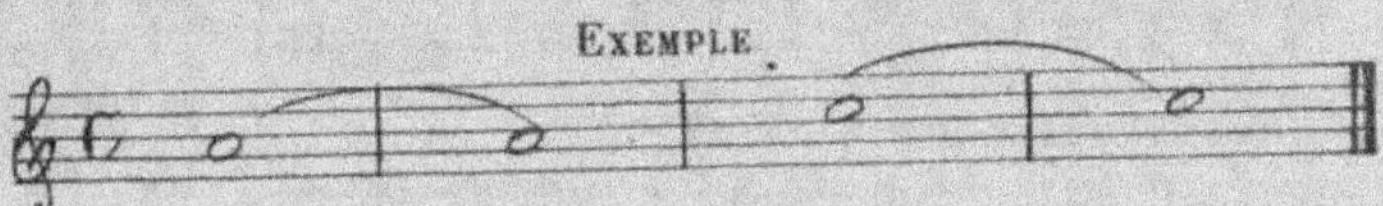

47. Il est donc bien entendu que la syncope va à contretemps et que la succession de notes syncopées prend un mouvement contraire à l'ordre naturel des temps.

NEUVIÈME LEÇON.

Des Notes surabondantes.

48. Un *triolet* est un groupe de trois notes égales qui remplacent deux notes de même valeur et au-dessus desquelles on met un 3.

EXEMPLE.

49. En exécutant ces *triolets* on ne peut pas outrepasser la valeur des deux notes qu'elles remplacent; c'est-à-dire qu'il faut chanter ces notes pendant la même durée de temps comme s'il n'y avait que *deux croches*.

50. Lorsque deux *triolets* se suivent, on met un 6 au-dessus du groupe de *six notes* et on accélère le mouvement comme pour le *triolet*.

EXEMPLE.

DIXIÈME LEÇON.

Des Accidents

51. Les *accidents* sont les signes que l'on met devant les notes et qui ont pour effet d'en changer l'intonation.

52. Il y en a cinq; savoir: Le *dièze* ♯ , le *bémol* ♭ , le *bécarre*, ♮ le *double dièze* 𝄪 et le *double bémol* 𝄫.

L'emploi de ces deux derniers est très-rare.

53. Un ♯ hausse la note d'un demi-ton.

Un ♭ la baisse d'un demi-ton.

Un ♮ la remet dans son ton naturel.

Un 𝄪 hausse la note d'un ton.

Un 𝄫 la baisse d'un ton.

54. On place les accidents entre la clef et le chiffre de la mesure et devant les notes.

55. Quand il y a des *dièzes* à la clef, les notes sur les lignes desquelles ils sont posés, doivent être haussées d'un demi-ton dans toute l'étendue du morceau, à moins qu'un *bécarre* ne vienne remettre des notes dans leur ton naturel.

56. L'ordre dans lequel les dièzes sont posés est de *quinte* en *quinte* en montant.

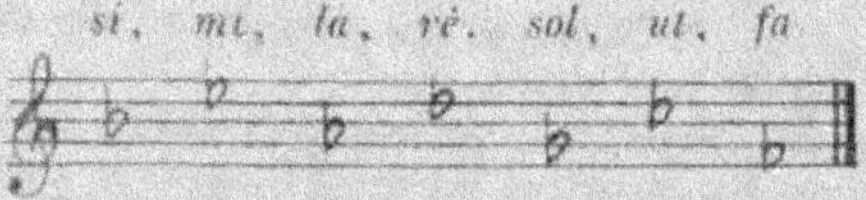

57. Quand il y a des *bémols* à la clef, les notes sur les lignes desquelles ils sont posés doivent être baissées d'un demi-ton pendant tout le morceau, à moins qu'il n'y ait un *bécarre* devant la note qui la remet dans son ton naturel.

58. L'ordre dans lequel les *bémols* sont posés est de *quarte* en *quarte* en montant.

59. L'effet du *dièze* et du *bémol*, quand ils sont posés isolément *devant une note*, ne change son intonation que dans la mesure où ils sont posés; on les nomme *dièzes* ou *bémols accidentels*

ONZIÈME LEÇON.

Du Ton et du Mode.

60. Pour faire comprendre ce que c'est que le *ton* et le *mode*, nous donnons ci-dessous pour exemple deux octaves d'un instrument à clavier.

61. On emploie la dénomination de *ton* de deux manières: 1.° pour désigner *un intervalle*, par exemple, de *ut* à *ré*; 2.° pour désigner la *tonique* ou *la note du ton* dans lequel une pièce de musique est écrite.

62. Il y a *deux modes*: le *mode majeur* et le *mode mineur*.

63. Toute la musique est basée sur les *gammes*.

§ 1. Gammes du mode majeur.

64. Une *gamme majeure* est composée de *cinq tons* et *deux demi-tons*. Les *demi-tons* s'y trouvent entre la 3.° et la 4.° et entre la 7.° et la 8.° note. (Voir les touches blanches du clavier qui forment la gamme d'ut majeur).

65. Ainsi, dans le *mode majeur* un morceau qui n'a ni ♯ ni ♭ à la clef est en *ut majeur*; il sera donc basé sur la gamme d'*ut*, et *ut* en est la *tonique*.

66. Dans *une gamme* il y a *douze demi-tons* (voir le clavier).

67. Sur chaque *demi-ton* on peut former la *gamme majeure*, pourvu que les *demi-tons* que la gamme comporte se trouvent à

la même place comme dans la *gamme d'ut* (entre la 3.ᵉ et la 4.ᵉ et entre la 7.ᵉ et la 8.ᵉ note). Mais pour former ces gammes il est nécessaire d'employer des ♯ ou des ♭ , autrement on ne trouverait pas les *demi-tons* en place.

Par exemple en prenant pour tonique *sol* et en faisant sa *gamme*, on trouvera que l'on a besoin du *fa* ♯ pour obtenir un demi-ton entre la 7.ᵉ et la 8.ᵉ note. Par conséquent le ton de *sol* a un dièze : c'est *fa* ♯.

68. Il y a plusieurs moyens pour connaitre combien d'accidents il faut pour composer les différentes gammes, mais celui-ci parait le plus simple.

Les tons qui se font au moyen de dièzes sont :

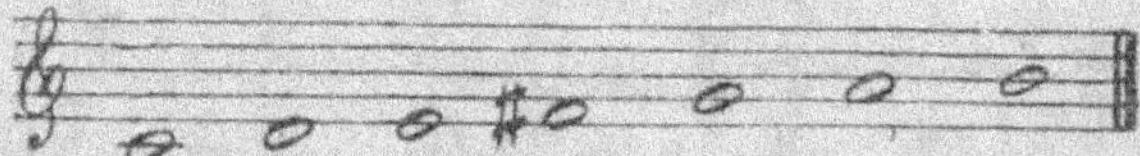

Nombre de dièzes qu'il faut pour former les gammes d'

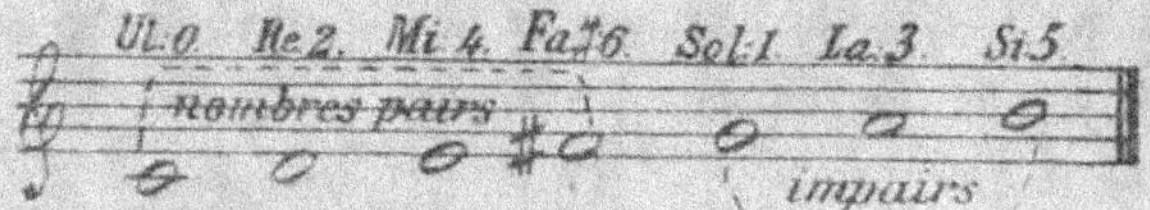

Celles qui contiennent des bémols sont :

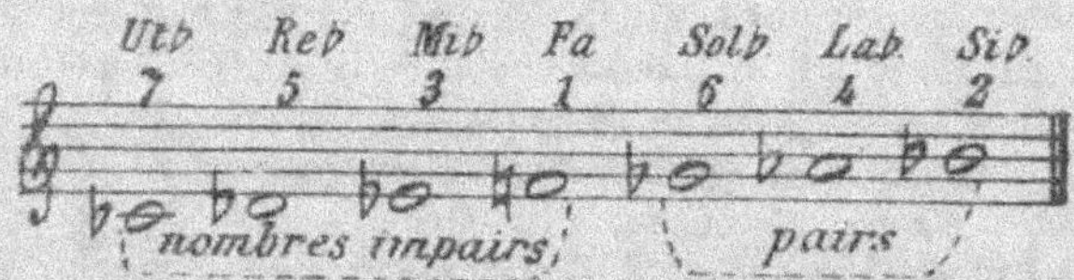

La gamme étant composée de sept notes, il s'en suit que les mêmes noms de notes doivent former sept accidents entre eux

Donc, le ton d'*ut* n'ayant pas d'accidents, *ut* ♭ doit avoir sept bémols, parce que chaque note doit baisser d'un demi-ton; par la raison inverse *ut* ♯ doit avoir sept dièzes.

Autre exemple. Prenons *ré*, qui a deux dièzes, *ré* ♭ doit avoir cinq bémols, parce qu'en baissant chaque note d'un demi-ton, il se fera que les cinq notes qui sont naturelles dans le ton de *ré*, seront *bémolisées en ré* ♭ et que les deux notes *dièzées* du ton de *ré* deviendront naturelles dans la gamme de ré ♭. (Pour bien comprendre, voyez le clavier).

69. Dans la leçon précédente nous avons donné l'ordre des *dièzes* et des *bémols*, tels qu'ils se trouvent à la clef; cet ordre n'est jamais dérangé. Quand il y a trois dièzes à la clef, ce sont les trois premiers : *fa* ♯ , *ut* ♯ et *sol* ♯ , et ainsi de suite.

70. Un autre moyen pour connaître dans quel ton est écrit un morceau est celui-ci. Voyez le dernier dièze posé à la clef et prenez un demi-ton plus haut; cette note est la tonique. Quand ce sont des bémols, c'est toujours l'avant-dernier bémol qui est la tonique ou la note du ton.

Exemple.

Sol dièze étant le dernier dièze, *la* est la tonique.

La ♭ étant l'avant-dernier, c'est *la* ♭ qui est la note du ton.

§ 2. Gammes mineures.

71. Chaque *ton majeur a un ton relatif mineur*. Les tons relatifs mineurs sont ceux qui ont le même nombre d'accidents à la clef.

72. Le *ton relatif mineur* se trouve deux degrés au-dessous du *ton majeur* (la 3.ᵉ note en descendant la gamme majeure). Par conséquent *la mineur* est le *ton relatif d'ut majeur*, et comme ce dernier il n'a *pas d'accidents* à la clef.

73. Les notes qui caractérisent le *ton* ou *mode mineur*, sont la *tierce mineure* et la *sixte mineure*.

74. On distingue le *mode majeur* du *mode mineur*, premièrement en observant si dans le chant ou la mélodie on trouve la *tierce* ou la *sixte* majeure ou mineure, et si la note sensible (septième note de la gamme) est ou n'est pas altérée accidentellement.

75. L'élève ne se rendra bien compte de cette dernière règle que lorsqu'il distinguera le ton majeur du ton mineur, en exécutant les premières mesures d'un morceau.

76. La gamme mineure est irrégulière, c'est-à-dire qu'elle ne comporte pas les mêmes accidents en montant qu'en descendant; en montant elle se rapporte plutôt au même ton majeur; la seule différence qui la distingue, c'est que la tierce ou 3.e note est baissée d'un demi-ton.

EXEMPLE.

Gamme de *la* mineur en montant.

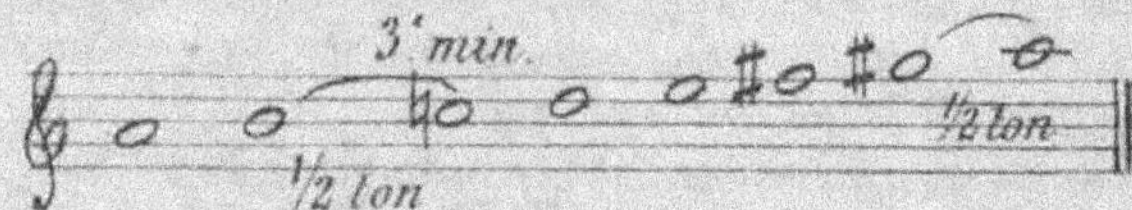

Gamme de *la* majeur en montant.

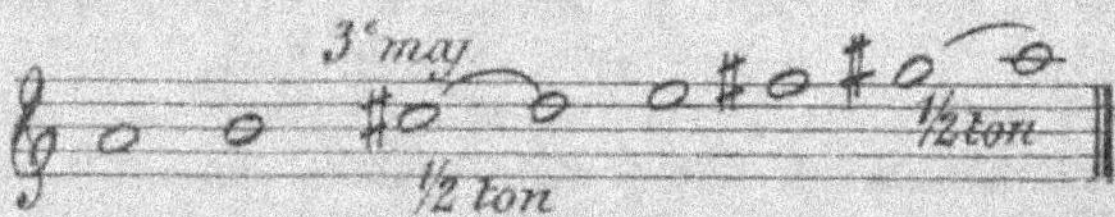

77. En descendant, elle prend les mêmes accidents que son *ton relatif*; donc le ton *la mineur* qui a pour ton relatif *ut majeur*, n'a ni ♯ ni ♭ en descendant.

Gamme de la mineur.

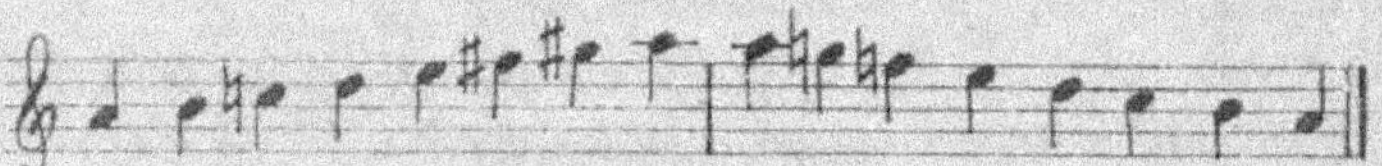

Les *demi-tons* de la gamme mineure se trouvent donc en montant entre la 2.e et 3.e et la 7.e et 8.e note, et en descendant entre la 2.e et 3.e et la 5.e et 6.e note.

78. Il y a encore une *autre espèce de gamme*; c'est celle composée de demi-tons et nommée *Gamme chromatique*.

Gamme chromatique avec des dièzes.

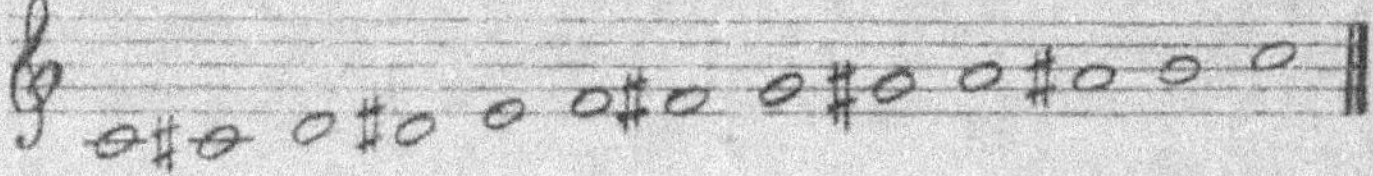

Gamme chromatique avec des bémols.

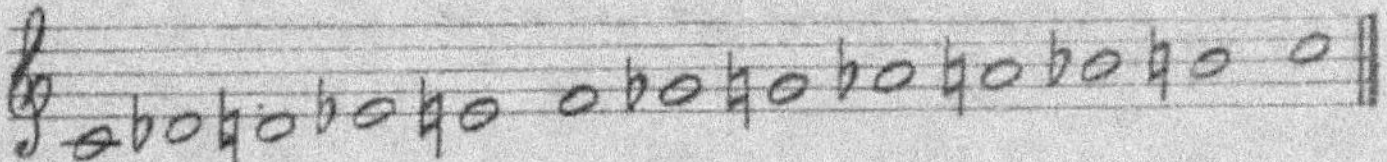

DOUZIÈME LEÇON.

Des Genres.

79. Les *Genres* consistent dans la manière de disposer les sons pour former un chant.

80. Il y a trois Genres : *le Diatonique*, *le Chromatique* et *l'Enharmonique*.

81. Le *genre diatonique* consiste dans la progression des sons par gammes ou par intervalles de *tons*. Les gammes *d'ut majeur* et de *la mineur* ne sont pas les seules du genre diatonique. Toute autre gamme semblable à l'une d'elles est du même genre, quoiqu'elle ait plus d'accidents à la clef.

82. Le *genre chromatique* consiste dans la progression de sons par *demi-ton*.

83. Enfin, le *genre enharmonique* est serré; il procède par *quart de ton*, comme ut ♯ à ré ♭, etc.

TREIZIÈME LEÇON.

Des Intervalles.

84. Un *intervalle*, c'est la distance d'un son à un autre.

85. Il y a *sept intervalles*, que l'on nomme : *seconde, tierce, quarte, quinte, sixte, septième* et *octave*, selon les degrés dont ils sont composés.

86. Les intervalles peuvent subir des *altérations*. Ils deviennent alors *majeurs*, *mineurs*, *diminués* ou *augmentés*.

Tableau général des Intervalles.

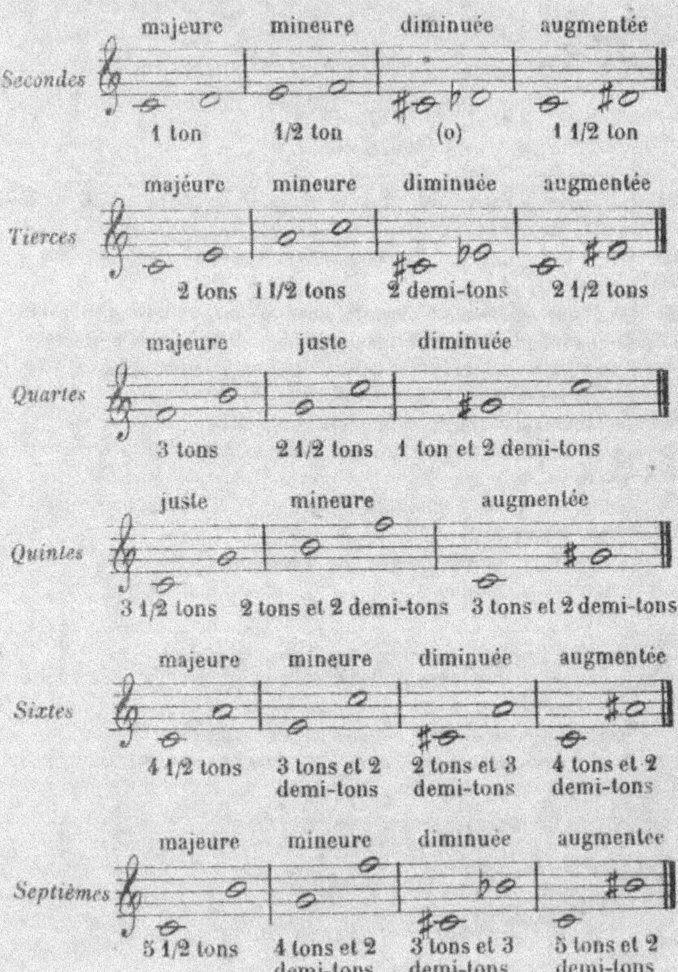

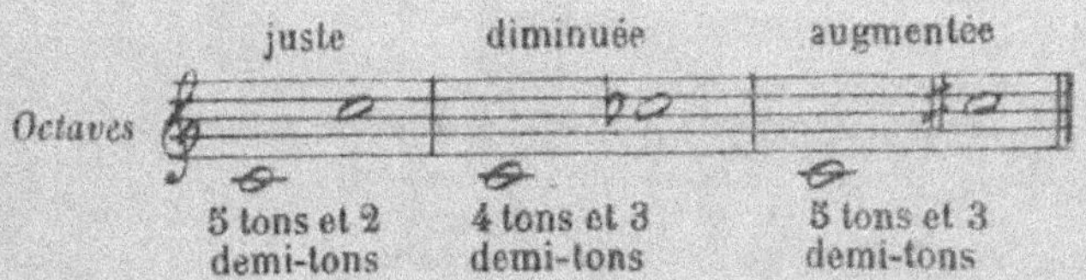

87. Les intervalles peuvent être *renversés*. Leur *renversement* s'opère quand on met la note la plus basse une octave plus haut.

EXEMPLE.

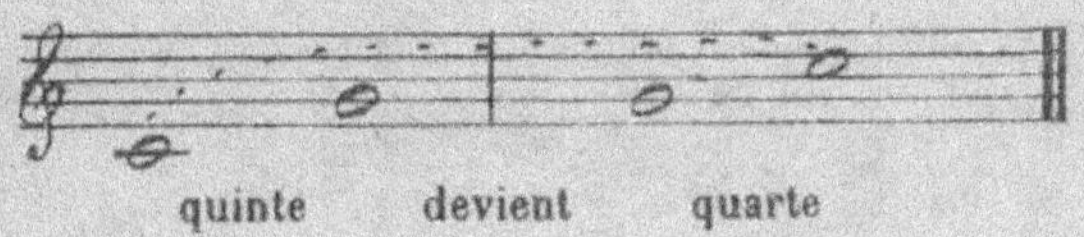

88. Tous les intervalles peuvent être renversés. Du renversement de la seconde provient une septième, de la tierce une sixte, de la quarte une quinte, de la quinte une quarte, de la sixte une tierce, de la septième une seconde, etc.

89. Les intervalles majeurs deviennent mineurs par le renversement et *vice-versa*; les augmentés deviennent diminués et *vice-versa*.

EXEMPLE.

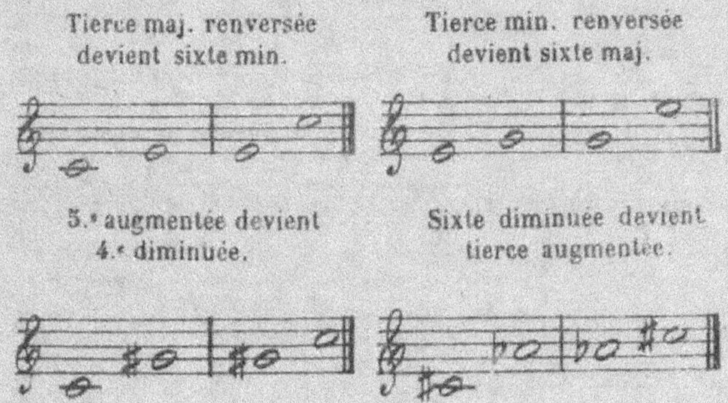

QUATORZIÈME LEÇON.

De la Transposition.

90. La *transposition* consiste en la *transcription* ou la *lecture* d'un morceau dans un *autre ton* que celui dans lequel il est écrit.

91. Afin de faciliter la transposition, il est très-nécessaire de bien connaître les différentes clefs, savoir :

92. La transposition d'un ton dans un autre s'opère par le *changement de la clef* et par *l'adjonction des dièzes* ou *des bémols* du ton dans lequel on veut transposer.

EXEMPLE DE TRANSPOSITION.

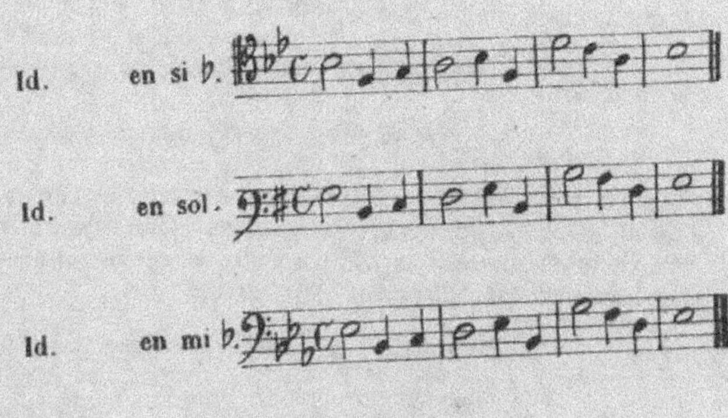

Id. en si ♭.

Id. en sol.

Id. en mi ♭.

QUINZIÈME LEÇON.

Des Notes d'agrément.

93. Il y a quatre sortes de *notes d'agrément*, savoir : *L'appogiatura*, le *grupetto*, le *mordant* et le *trille*.

§ 1. Appogiatura.

94. *L'appogiatura* est une petite note qui précède une note ordinaire et qui se trouve communément placée *un degré* au-dessus ou *un degré* au-dessous de la note.

95. Quelquefois on donne à ces petites notes autant de valeur que celle de la note qui suit, parfois aussi la moitié, le quart ou le huitième, selon le goût de l'exécutant.

96. Pour bien rendre l'effet de *l'appogiatura*, on doit la lier à la note et lui donner une certaine force.

EXEMPLE.

Appogiatura.

§ 2. Grupetto.

97. Le *grupetto* est une série de petites notes précédant une note ordinaire.

98. Il se compose généralement de *trois* ou *quatre notes*. On l'indique par de *petites notes* ou par ce signe ∾

99. Il doit être exécuté avec netteté et rapidité, et lié à la note de manière qu'il forme un tout avec elle.

EXEMPLE.

§ 3. Du Mordant.

100. Le *mordant* est composé de deux *petites notes* précédant une note ordinaire.

EXEMPLE.

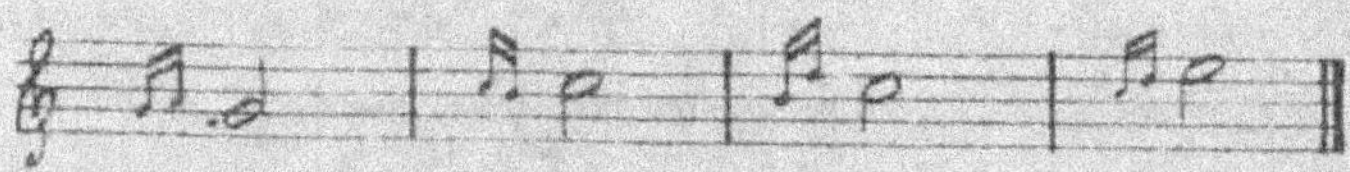

§ 4. Du Trille.

101. Le *trille* est composé de *deux notes* placées à distance de seconde et que l'on répète alternativement, avec rapidité. Le *trille* est marqué généralement par *tr* ou ⌁⌁⌁

EXEMPLE.

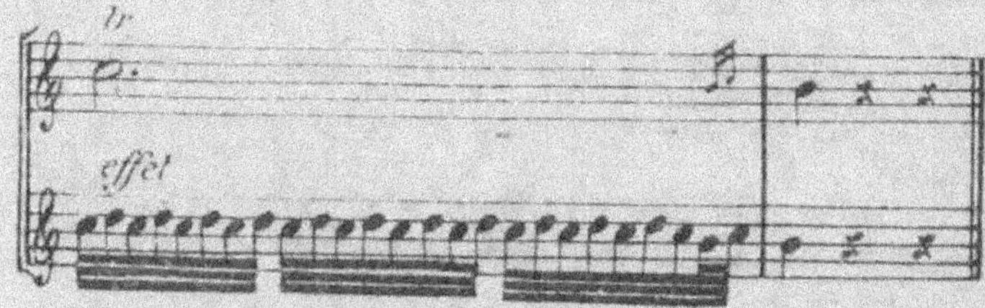

SEIZIÈME LEÇON.

Des signes de renvoi et autres signes.

102. Il y a *cinq signes de renvoi*, savoir :

1.º La *double ritournelle* oblige de répéter chaque partie du morceau ;

2.º La *simple ritournelle* fait répéter la partie du côté où sont marqués les points ;

3.º Le *renvoi* fait recommencer à la même figure correspondante ;

4.º Le *bis* oblige à répéter une ou plusieurs mesures ;

5.º Le *da capo* ou D. C. signifie : recommencez le morceau.

Le *point d'orgue* 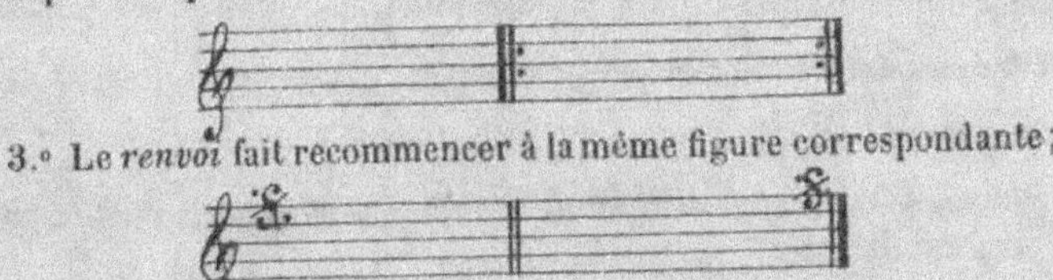 placé sur une *note* ou une *pause* oblige de s'arrêter un temps indéterminé, selon le goût de l'exécutant.

La *double barre* ▌▌ indique la fin d'une pièce de musique.

La *liaison*  au-dessus ou au-dessous de plusieurs notes fait lier les sons : On doit appuyer sur la première note de la liaison.

Le *point* au-dessus ou au-dessous de plusieurs notes indique que la note doit être détachée ou saccadée.

DIX-SEPTIÈME LEÇON.

Des nuances, des mouvements, etc.

103. Les *nuances* sont les différentes modifications de force ou de douceur que l'on donne aux sons.

104. On les marque par des mots italiens presque toujours abréviés et placés dans le courant du morceau.

Fortissimo ou ff $f\!f$ signifie très-fort.

Forte ou f f »   fort.

Mezzo forte ou mF   »   demi-fort.

Piano ou *dolce* P ou dol »   doux.

Pianissimo ou PP   »   très-doux.

Sforzando ou *rinforzando* sf ou *rinf* ou Λ signifie en renforçant le son subitement.

Crescendo ⸺ ou *cres* signifie en augmentant le son.

Decrescendo ou *diminuendo* ⸻ decres. ou dim. signifie en diminuant le son peu à peu.

Expressivo ou *expres.* signifie avec expression.

Sempre   signifie   toujours.

Fine   »   fin.

In tempo   »   reprendre le mouvement.

Ad libitum   »   à volonté.

105. Le *mouvement* est le degré de lenteur ou de vitesse que l'on donne à la mesure.

106. Les *mouvements* sont également indiqués par des mots italiens au commencement du morceau.

Grave   signifie grave.

Largo   »   lent et pathétique.

Adagio	»	lent et affectueux.
Cantabile	»	lent et expressif.
Larghetto	»	moins lent et moins divin que le largo.
Andantino	»	gracieux et élégant.
Andante	»	agréable et marqué.
Grazioso	»	léger, élégant et sans précipitation.
Allegretto	»	entre l'allegro et l'andante.
Allegro	»	un peu vif et gai.
Presto	»	rapide et animé.
Prestissimo	»	très-vif et impétueux.
Tempo di marcia	»	mouvement de marche.
Scherzando	»	en badinant.
Simplice	»	simplement.
Risoluto	»	résolu.

107. Dans le courant du morceau, ces mouvements sont quelquefois modifiés par ces mots :

Staccato	—	court, détaché.
Non troppo	—	pas trop.
Poco à poco	—	peu à peu.
Più	—	plus.
Un poco	—	un peu.
Smorzando	—	en mourant.
Molto ou assai	—	beaucoup.
Rallentando	—	en rallentissant.
Accelerando	—	en pressant.

108. Pour indiquer les mouvements, on se sert beaucoup du *métronome* (1).

109. Les mouvements du métronome sont marqués au commencement du morceau par des chiffres et des notes. Le chiffre indique que l'on mettra l'anneau sur ce numéro et la note marque la valeur de chaque oscillation.

EXEMPLE.

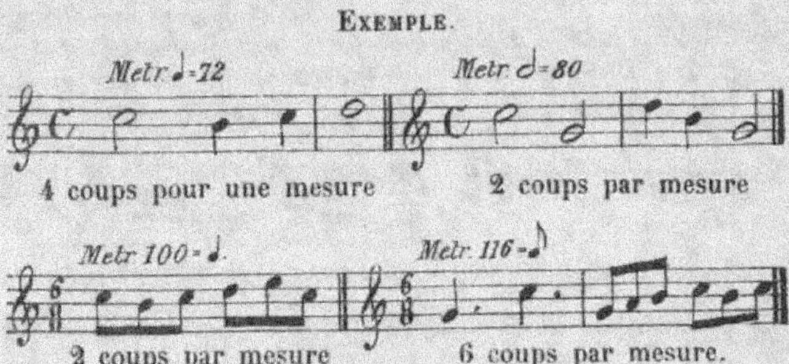

DIXHUITIÈME LEÇON.

Des signes d'abréviation.

110. La musique vocale ne comporte pas d'*abréviations*. Dans la musique instrumentale, l'emploi de ces signes est borné aux cas suivants :

111. *Une ronde barrée* sera frappée 8 fois comme 8 croches. | *Doublement barrée* 16 fois comme 16 doubles croches.

8 fois   4 fois

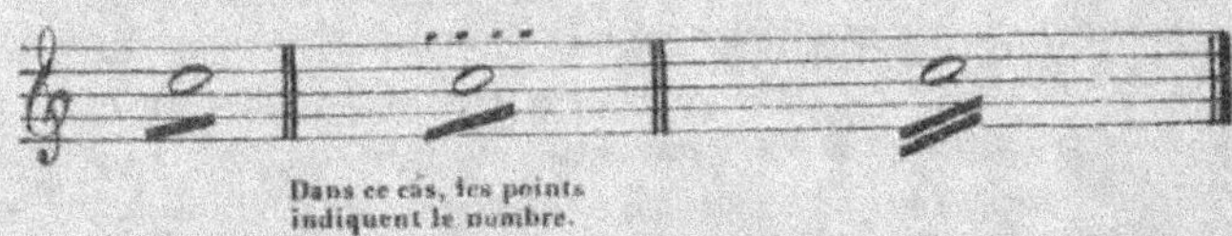

---

(1) Le métronome est une espèce de pendule battant la mesure à l'aide d'un balancier portant des chiffres. Un anneau de plomb glisse sur le balancier sert à tempérer le mouvement qui est calculé par minute. Par exemple on pose l'anneau au n.° 72, l'instrument donne 72 coups par minute et ainsi de suite.

Une blanche barrée 4 fois
comme 4 croches.

Doublement barrée 8 fois.

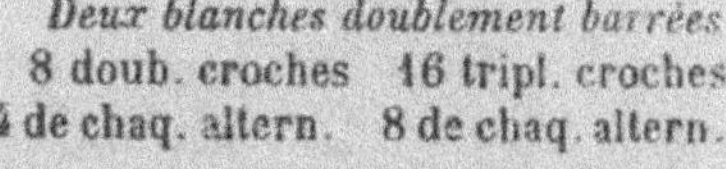

Deux blanches barrées comme
4 croches, 2 fois chacune
alternativement.

Deux blanches doublement barrées
8 doub. croches   16 tripl. croches
4 de chaq. altern.   8 de chaq. altern.

*Signes qui indiquent la répétition
du groupe qui précède.*

DIXNEUVIÈME LEÇON.

Des voix, des clefs et des instruments.

112. Les *voix* et les *instruments* sont divisés en quatre parties : *sopranos*, *altos*, *ténors* et *basses*.

113. Les *sopranos* sont les premières voix de femmes et d'enfants, le violon, la flûte, le hautbois, la clarinette, le piano (main droite). On emploie pour ces voix et ces instruments la clef de *sol* et quelquefois aussi la clef d'*ut*, 1.re ligne.

114. Les *altos* sont les deuxièmes voix de femmes et d'enfants, la viola, le cor anglais, etc. Les clefs que l'on emploie pour cette partie sont la clef d'*ut* 3.me ligne et la clef de *sol*.

115. Les *ténors* sont les premières voix d'hommes, le basson, le violoncelle, les cors, le trombone, etc. On emploie pour cette partie les clefs d'*ut* 4.me ligne et celle de *fa* id.

Nota. (Dans le chant, la clef de *sol* est employée très-souvent pour les *ténors*, seulement alors ils chantent une octave plus bas que la partie n'est écrite. Quand un *soprano* et un *ténor* chantent la même partie à la clef de *sol*, les deux voix sont séparées par l'intervalle d'une octave).

116. Les *basses* sont les deuxièmes voix d'hommes, le basson, le violoncelle (*notes basses*)(le trombone, la contrebasse, l'ophicléide, les tubas, le piano (main gauche). La clef de *fa*, 4.me ligne, est la clef de basse.

FIN DE LA 1re PARTIE

ÉCOLE MUSICALE.

DEUXIÈME PARTIE.

SOLFÉGES.

117. Avant de chanter, l'élève nommera les notes, leçon par leçon, en battant la mesure. Il est indispensable de bien connaître les valeurs et le rythme avant de s'occuper des intonations

Exercices avec Rondes et Pauses.

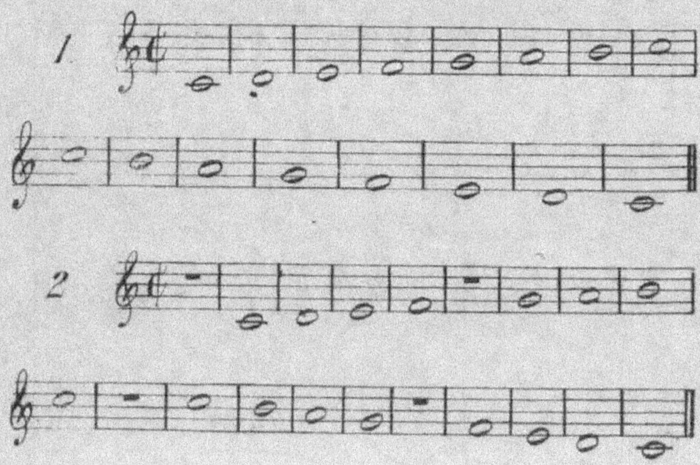

Exercices avec Noires et Soupirs.

7.
8.
9.
10.

Émission de la voix.

118. Pour chanter et solfier avec facilité, il faut : 1.° que le son sorte directement de la poitrine et non de la gorge ni du nez ; 2.° que la bouche soit bien ouverte perpendiculairement, en formant un ovale ; 3.° que la langue soit tenue dans la bouche de manière à laisser sortir librement le son.

Voici un exercice que l'on étudiera attentivement, afin d'obtenir une bonne émission ; on prendra également soin de bien prononcer les voyelles.

119. Les mesures de quatre temps et de deux temps étant marquées dans les leçons suivantes, on fera chanter l'élève dans les deux manières (§ 38).

Intervalles de Seconde (§ 85)

Note. Les respirations sont marquées par des virgules

Tierces préparées.

Tierces sans préparation.

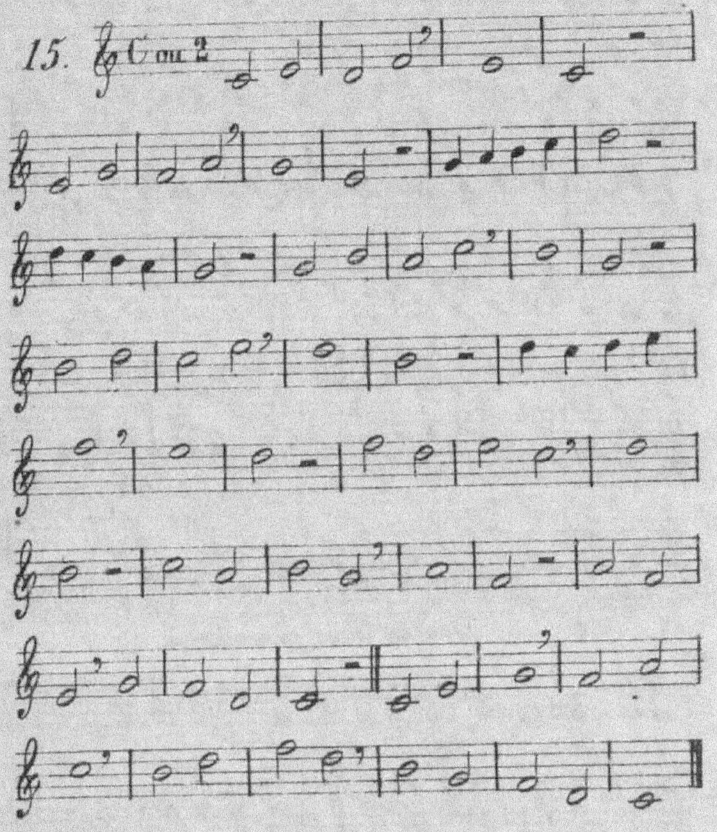

Quartes préparées.

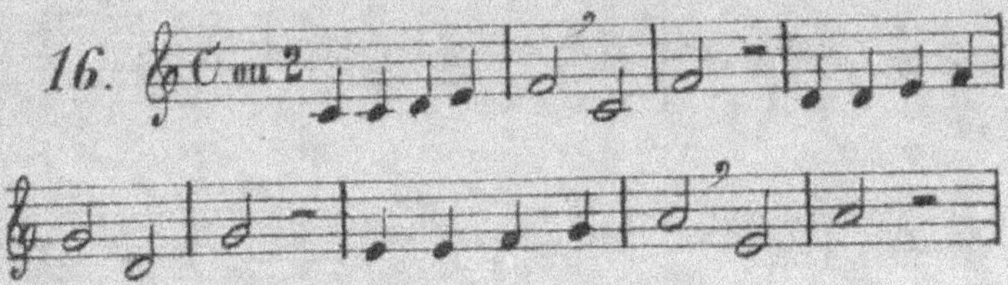

Quartes sans préparation

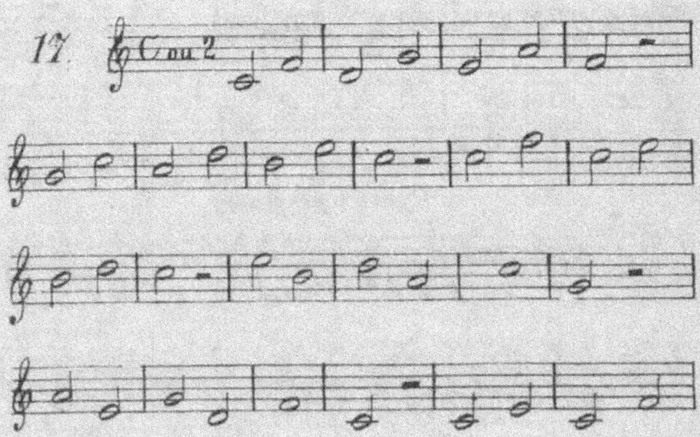

17.
C ou 2

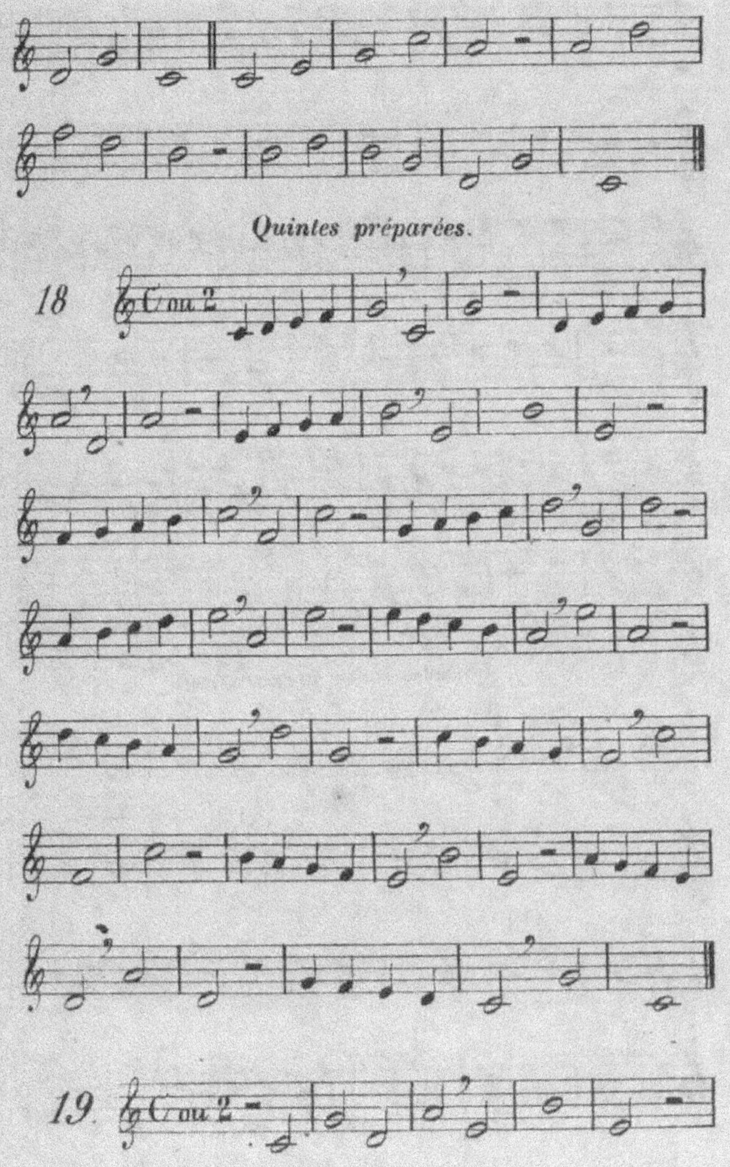
Quintes préparées.
18
C ou 2
19. C ou 2

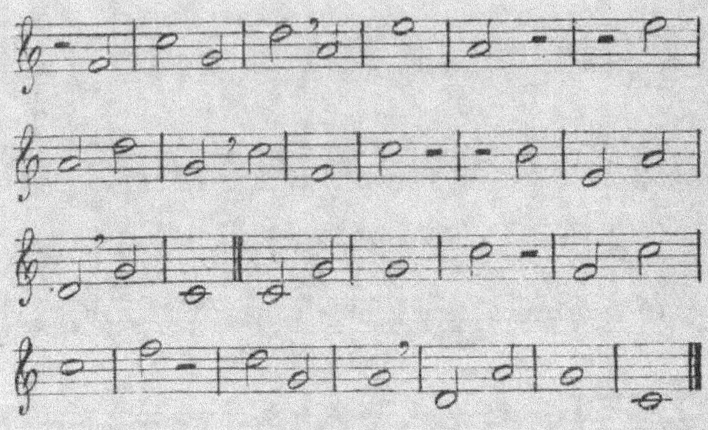

Sixtes préparées

Sixtes sans préparation.
21.
Octaves préparées.
22.

Octaves sans préparation.

23.

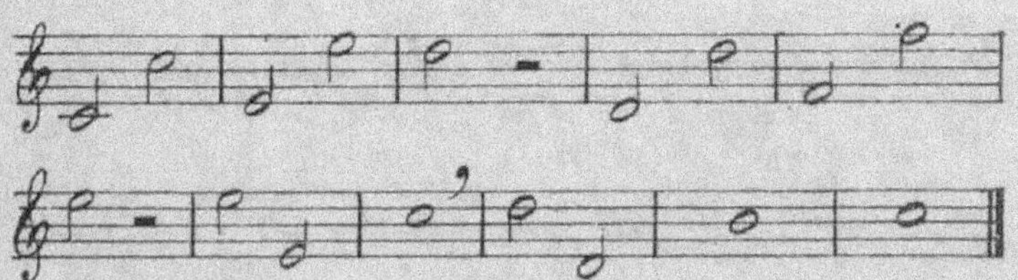

Récapitulation des leçons précédentes ou Exercices sur les différents intervalles.

Combinaisons progressives des intonations et des valeurs (§ 17)

Andante

24.

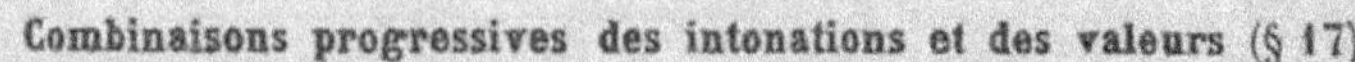

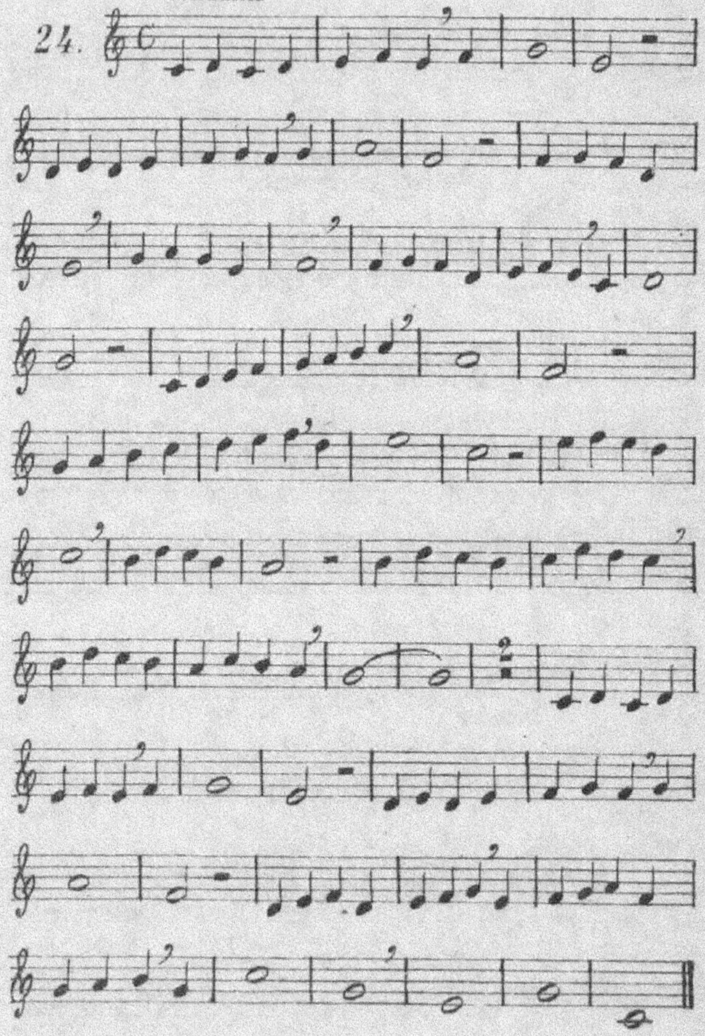

Andante

25.

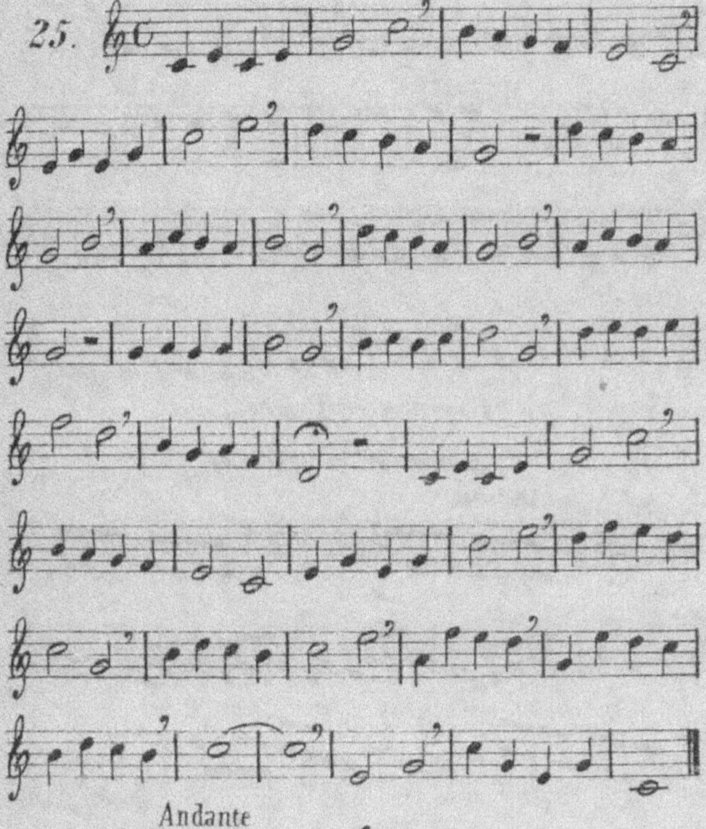

Andante

26.

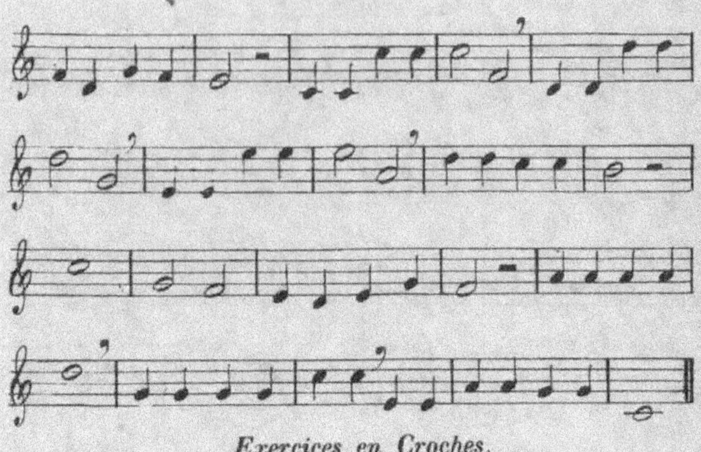

Exercices en Croches.

RÉDUCTION DE LA LEÇON 24.

Andante

27

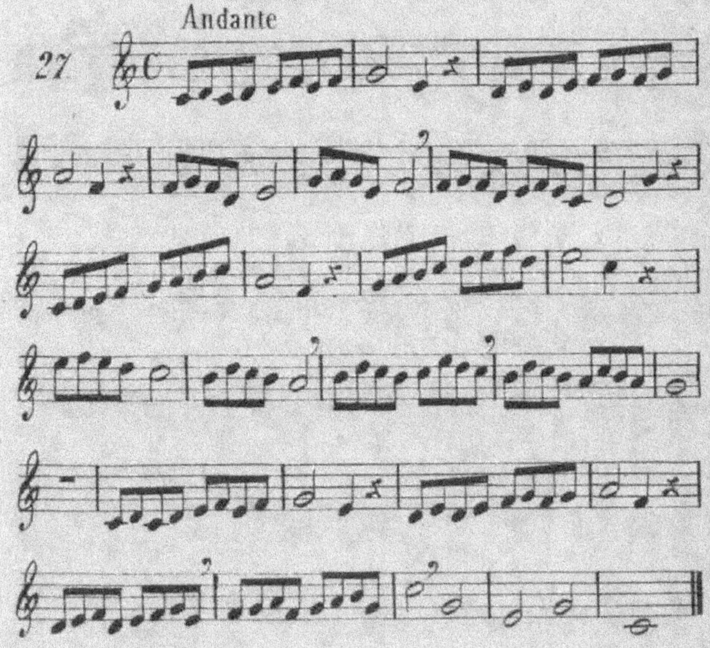

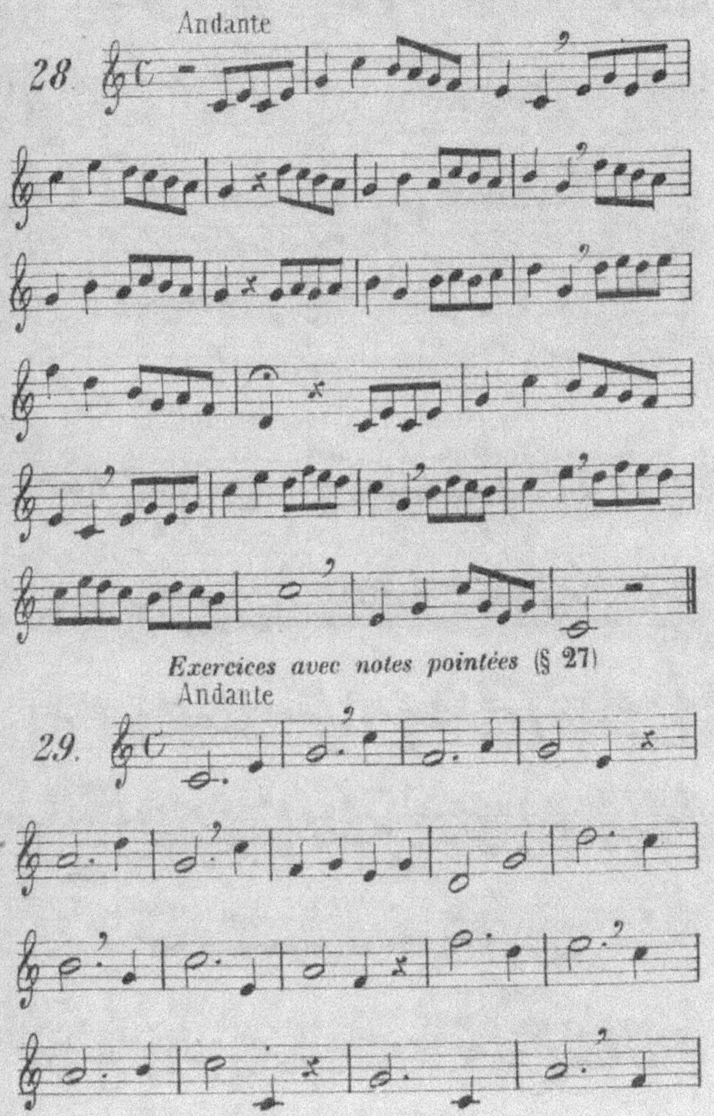
RÉDUCTION DE LA LEÇON 25.
Andante
28
Exercices avec notes pointées (§ 27)
Andante
29.

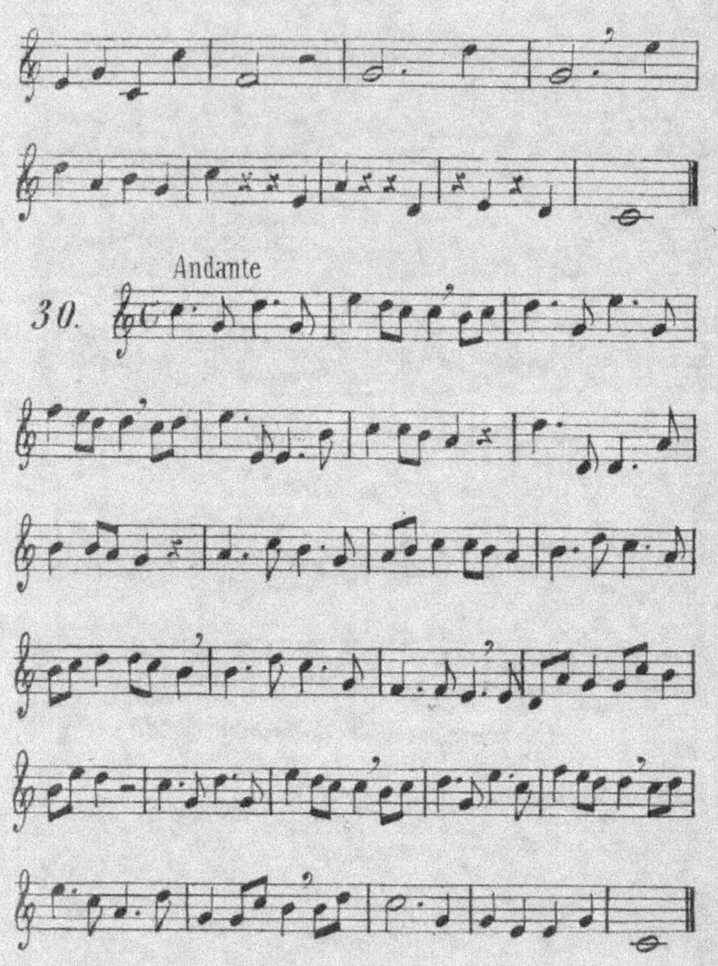

Exercices en syncopes (§ 44).

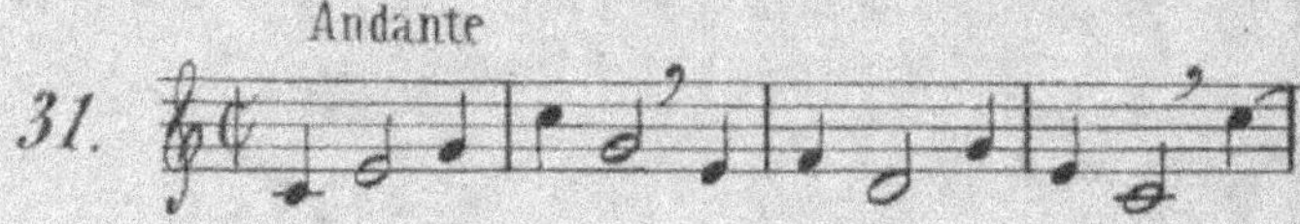

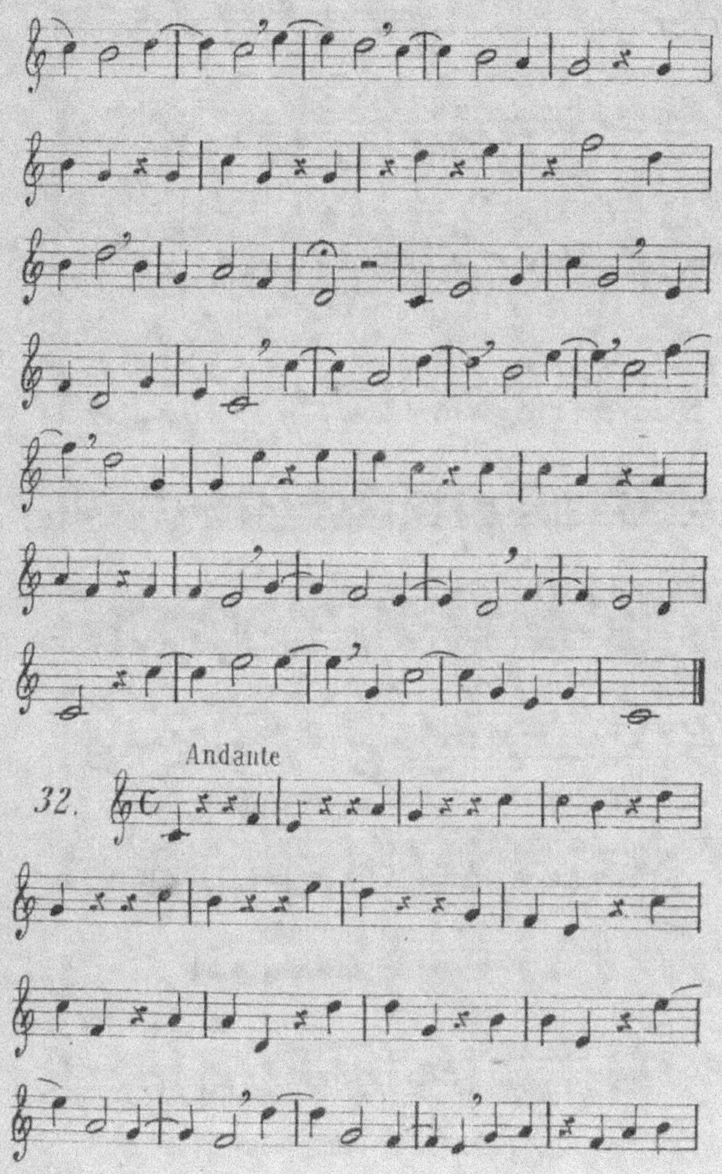

Andante
32.

Exercices avec notes altérées (§§ 51, etc.)

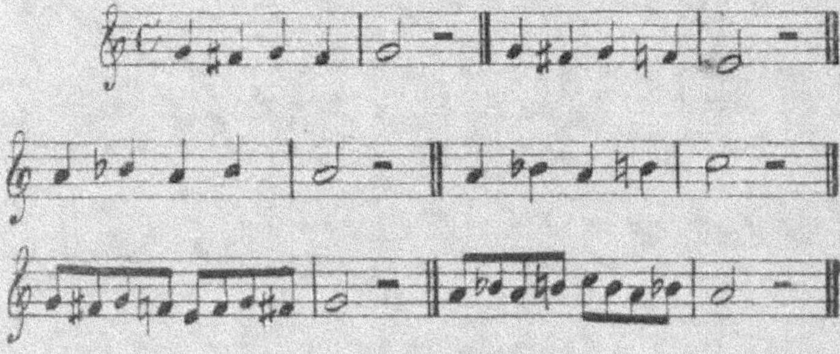

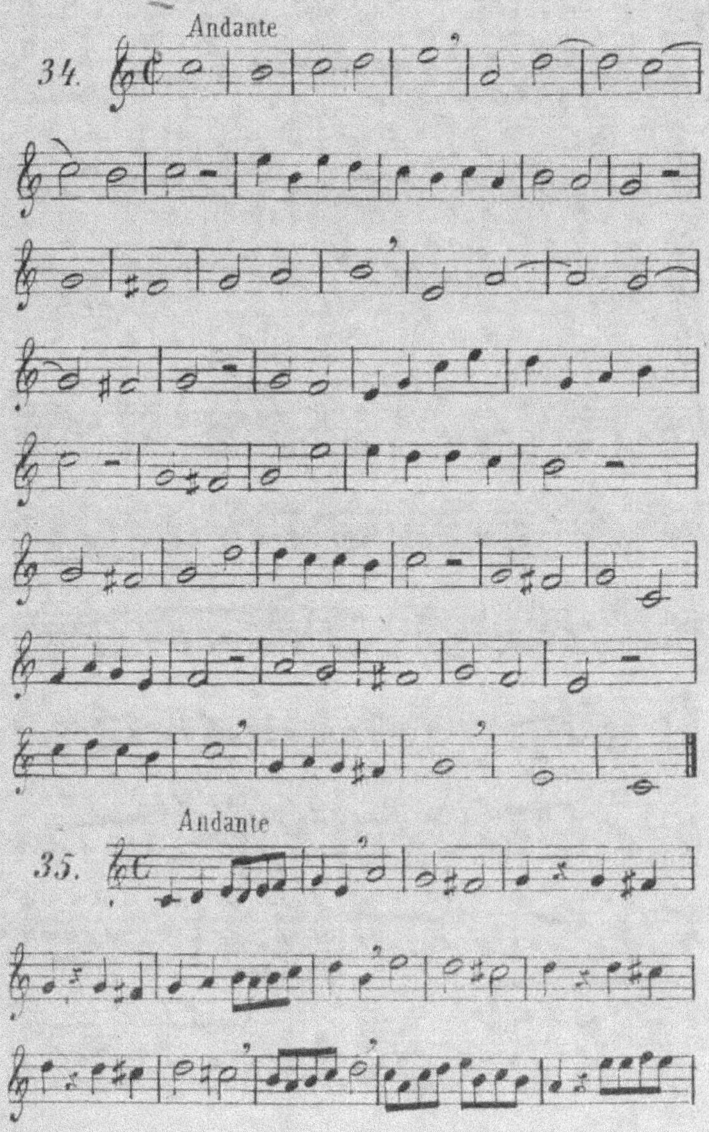
Andante
34.
Andante
35.

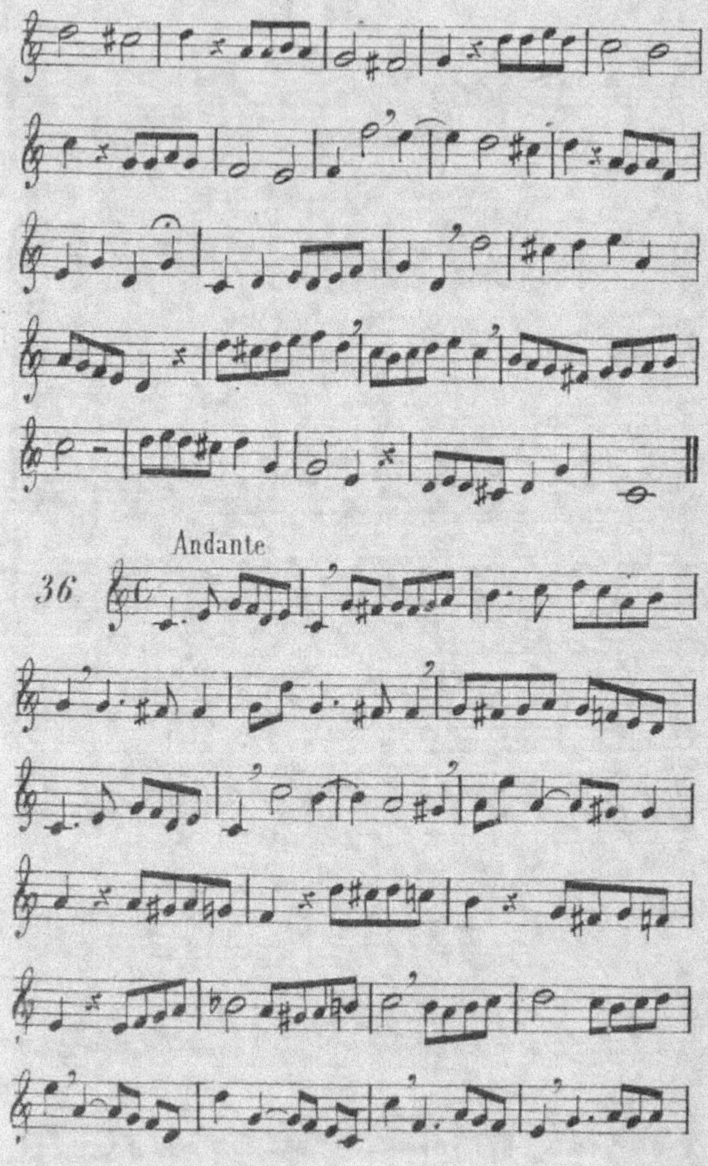

Andante
36.

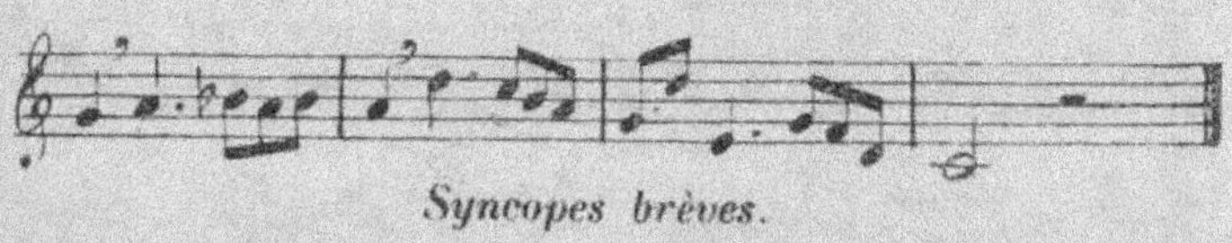
Syncopes brèves.
RÉDUCTION DE LA LEÇON 31.
Andante
37.

All° mod°
38.

Exercices en triolets (§ 48).

All° Mod°*

39.

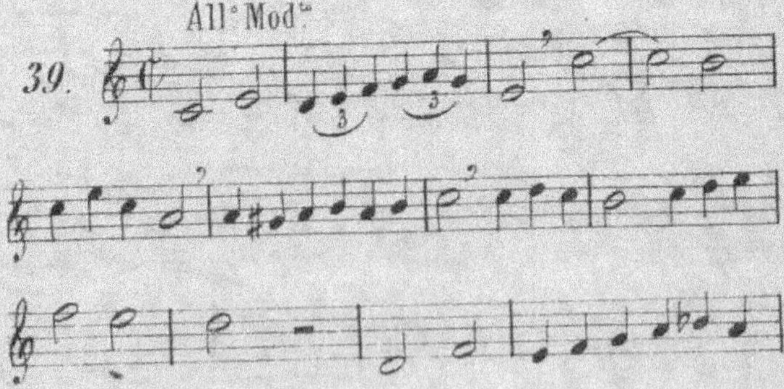

Mesure de $\frac{2}{4}$.

All.^t Mod.^{to}

40.

Triolets rompus.

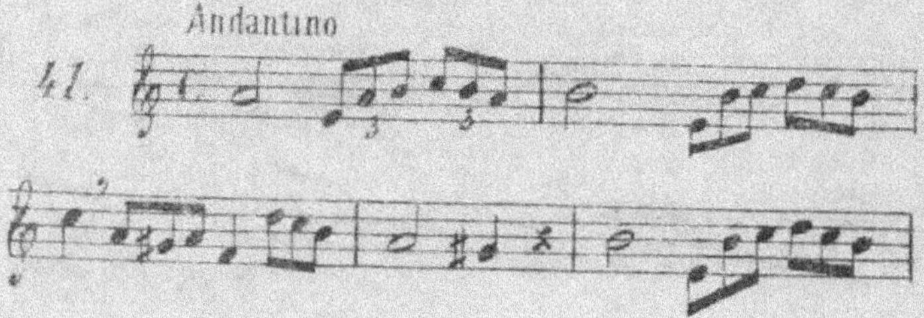

Andantino
41.

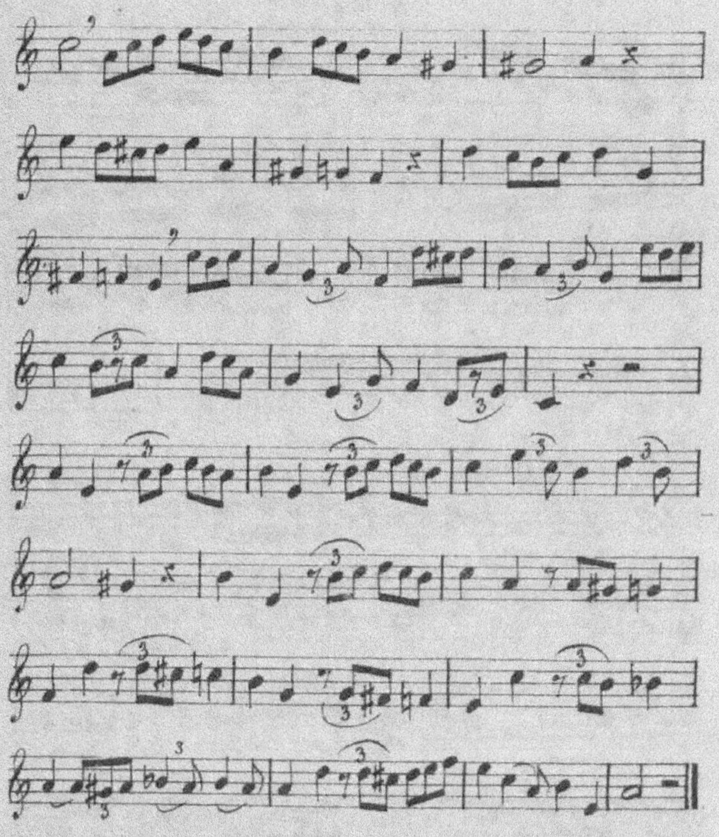

Exercices en doubles croches.

RÉDUCTION DE LA LEÇON 27.

Andante

All? Mod?
43.

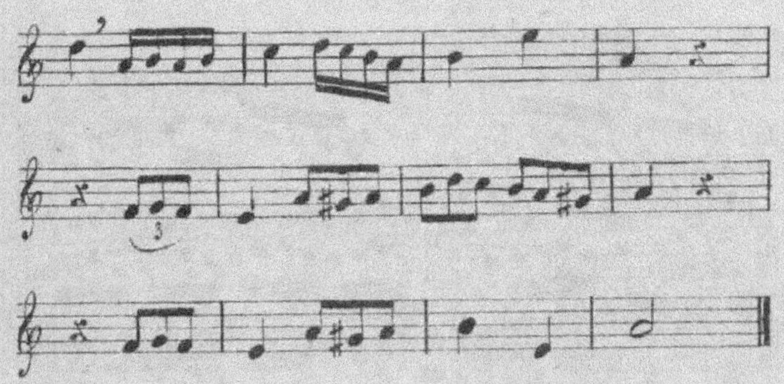

RÉDUCTION DE LA LEÇON 22.

All° Mod°
45.
Croches pointées.

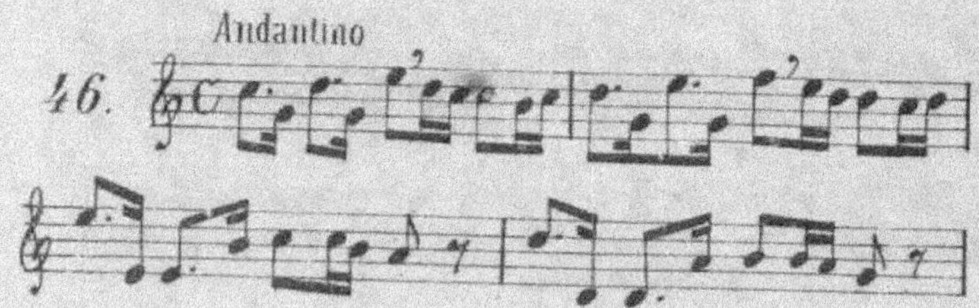
Andantino
46.

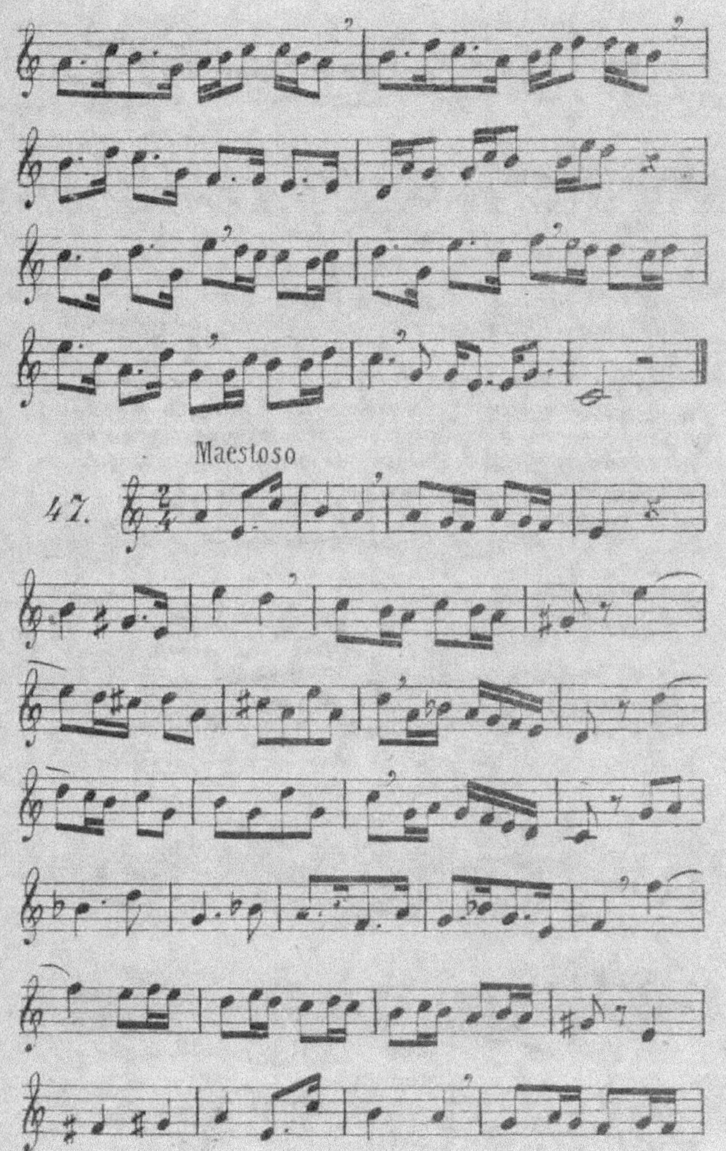
Maestoso
47.

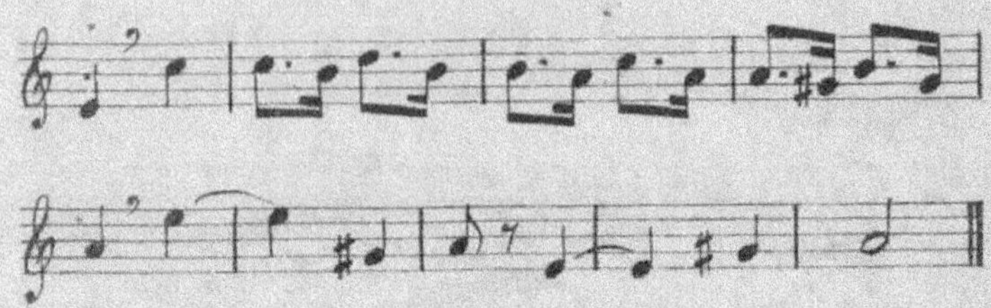

Triolets et Sextolets de doubles croches (§ 50).

120. On commet souvent l'erreur de considérer le sextolet comme un double triolet. Presque toujours leur rythme diffère; c'est-à-dire que le double triolet est divisé en deux, avec les temps forts sur la 1.e et la 4.e note, tandis que le sextolet est divisé en trois, avec les temps forts aux 1.e, 3.e et 5.e notes.

EXEMPLE DE DOUBLES TRIOLETS

(1) Notes fortes

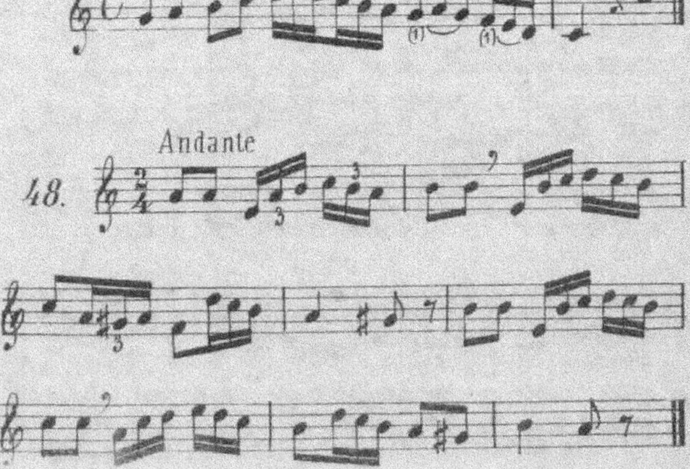

EXEMPLES DES SEXTOLETS.

(1) Notes fortes.

Leçon sur l'intervalle de 2.ᵉ majeure et son renversement, septième mineure (§ 89).

Mesure de $\frac{3}{4}$

Leçon sur la 3.ᵉ maj. et la 6.ᵉ min. (§ 89).

Andante

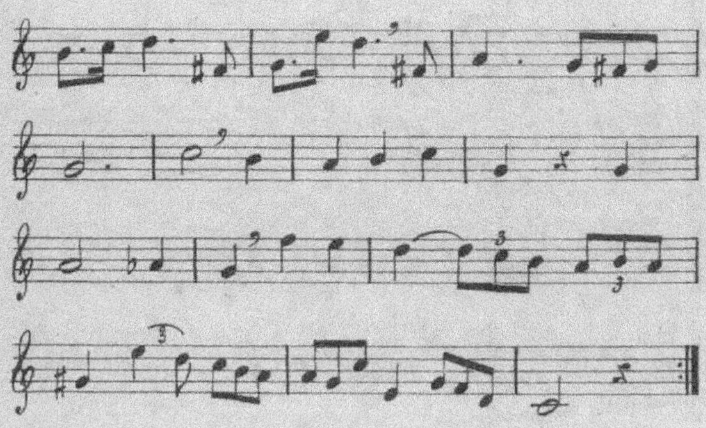

Leçon sur la 4.ᵉ maj. et la 5.ᵉ min. (§ 89)

Exercices en triples croches.
Adagio.
53.

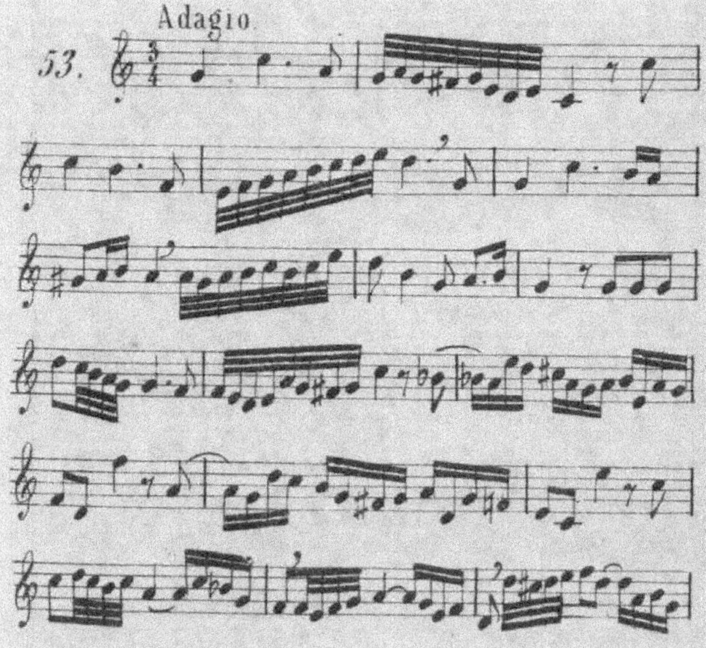

Leçon sur la 3.ᵉ dim. et la 6.ᵉ augm. (§ 89).

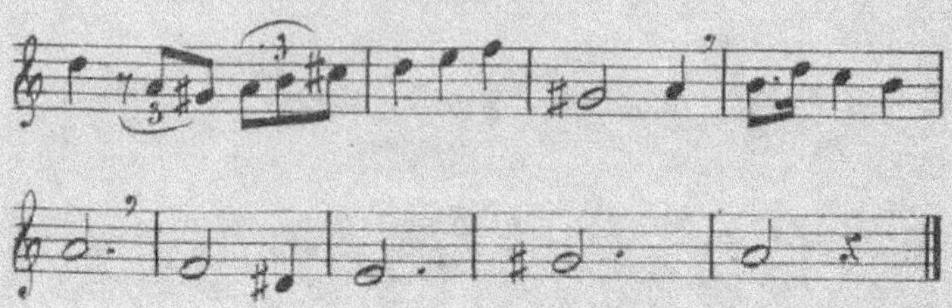

121. Toutes les leçons qui précèdent sont écrites dans le ton d'*ut* ou son ton relatif *la mineur* et dans les mesures de quatre, deux ou trois temps.

L'étude du rythme et des différentes valeurs présente déjà d'assez grandes difficultés, pour que l'on s'abstienne ici d'y joindre les différents tons et mesures. Quand on connaîtra à fond les exercices précédents, on aura acquis beaucoup de facilité pour les autres tons et mesures.

122. En chantant dans d'autres tons, on reconnaîtra les degrés qui ne comportent qu'un demi-ton; d'un autre côté, les mesures composées dérivent toutes de celles dont les exemples précèdent

Celle de $\frac{12}{8}$ est la mesure de 4 temps avec triolets;

Celle de $\frac{6}{8}$ correspond à celle de $\frac{2}{4}$ avec triolets.

Celle de $\frac{9}{8}$ est pareille au $\frac{3}{4}$ en triolet; et enfin celle de $\frac{3}{8}$ dérive également de $\frac{3}{4}$, avec la différence que chaque noire devient une croche.

123. Dans les mouvements lents, on bat très-souvent la mesure de $\frac{2}{4}$ en quatre temps, comptant ainsi une croche pour chaque temps.

EXEMPLE.

124. Il en est de même des mesures de $\frac{6}{8}$, de $\frac{9}{8}$ et de $\frac{12}{8}$; on en marque chaque croche en battant la mesure.

EXEMPLE.

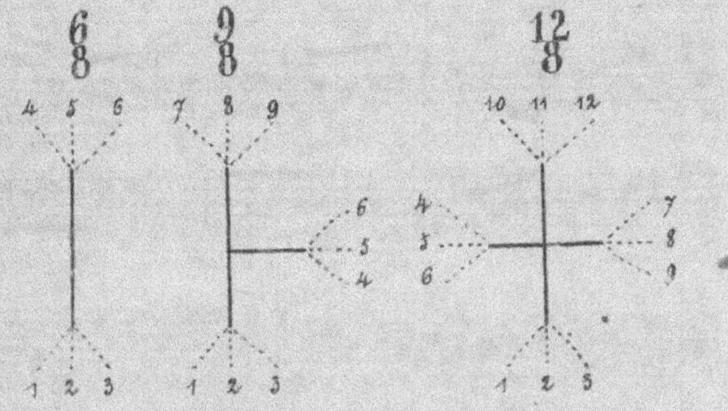

Exercices dans différents tons et mesures

En sol majeur (§ 67).

En mi mineur, ton relatif de sol maj. (§ 72)

Allegretto

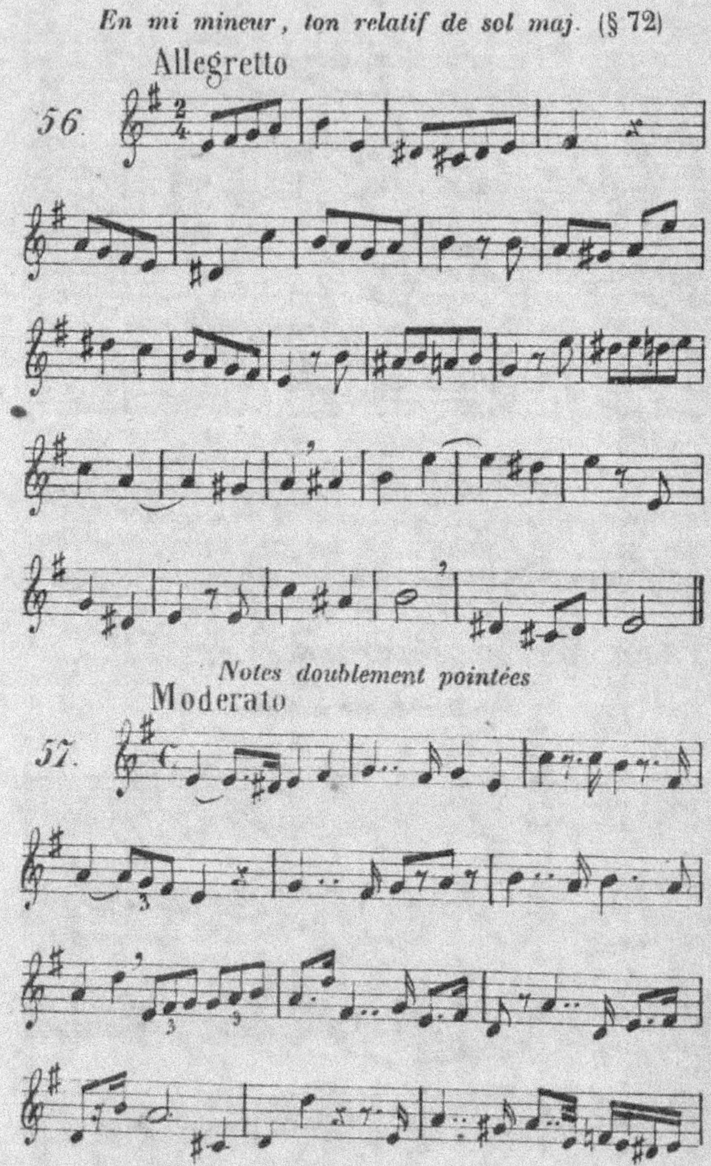

Notes doublement pointées

Moderato

APPOGIATURES.

Manière de les exécuter.

Mesure de $\frac{3}{8}$. — *Exercice contenant des Appogiatures* (§ 94)

Andante mosso.

En ré mineur.
Allegretto
59.

Mesure de $\frac{6}{8}$. — *Exercice contenant le Grupetto et le Mordant (§ 97 et 100).*

Mesure de 9/8. — En si mineur
All⁰ mod⁰
62.

125. Tous les morceaux ne commencent pas par le 1.ᵉ temps
de la mesure; ils peuvent commencer soit par les 2.ᵉ, 3.ᵉ ou 4.ᵉ
temps, soit par leurs subdivisions; alors aussi la dernière mesure
n'est pas complète; elle en forme une avec la fraction de mesure
du commencement.

Allegretto ⊂. *En si* ♭ *majeur.*

63.

Fin.
Mesure de 12/8. — En sol mineur.
All. moderato
64.

ÉCOLE MUSICALE.

MANUEL

DES PRINCIPES DE LA MUSIQUE

A L'USAGE

DES CONSERVATOIRES
DES ÉCOLES PRIMAIRES ET DES MAISONS D'ÉDUCATION

ADOPTÉ PAR LA COMMISSION CENTRALE DE L'INSTRUCTION PRIMAIRE.

		FR⁴. C⁵.
1ᵉ PARTIE. *Principes de la musique.* . . net . . » 30		
2ᵉ PARTIE. *Cours de Solfèges.* . . . . . . » 75		
3ᵉ PARTIE. *Etude des Intonations et des Durées*		
par tableaux (nouveau système) . . 1 25		
1ᵉ ET 2ᵉ PARTIES. *Réunies.* 1 00		
Les trois parties Réunies 2 00		

GAND,

GEVAERT, Éditeur de Musique & Fabᵗ de Pianos Digue de Brabant, 36,
& chez les principaux Mᵈˢ de Musique.
Propriété — Déposé
Paris, chez J.B. Katto, rue du Cherche Midi, 61
1857.

ÉCOLE MUSICALE.

MANUEL

DES PRINCIPES DE LA MUSIQUE

A L'USAGE

DES CONSERVATOIRES
DES ÉCOLES PRIMAIRES ET DES MAISONS D'ÉDUCATION

ADOPTÉ PAR LA COMMISSION CENTRALE DE L'INSTRUCTION PRIMAIRE.

		FR^s.	C^s.
1e PARTIE. *Principes de la musique.* . . *net* .	»	50
2e PARTIE. *Cours de Solfèges.*	»	75
3e PARTIE. *Etude des Intonations et des Durées*		
par tableaux (nouveau système) . .	1	25

| 1e ET 2e PARTIES. *Réunies.* . . . . | 1 | 00 |
| *Les trois parties Réunies* . . . . | 2 | 00 |

GAND,

GEVAERT, Éditeur de Musique & Fab^t de Pianos, Digue de Brabant, 35.
& chez les principaux M^ds de Musique
Propriété — Déposé
Paris, chez J. B. Katto, rue du Cherche Midi, 61.
1857.

ÉCOLE MUSICALE.

TROISIÈME PARTIE.

Remarques sur la manière d'étudier le tableau des Intervalles.

1° On étudiera d'abord les intervalles de la colonne du milieu (sans parler des demi-tons) en commençant par deux notes (ut, ré), puis trois (ut, ré, mi) et ainsi de suite, en exerçant l'élève sur toutes les combinaisons possibles de ces notes.

2° Avant d'englober dans le travail les notes diésées et bémolisées, on expliquera ce que c'est qu'un ton et un demi-ton, en s'aidant de la pratique déjà acquise dans la gamme diatonique....

On commencera par le *fa* ♯ entre deux *sol* on fera remarquer que l'intonation du ♯ avec la note supérieure est la même que celle du *si* avec l'*ut* . On reviendra constamment sur cette observation. — Après le premier dièze (fa) on entreprendra l'intonation du premier bémol (si) en insistant sur ce point que le bémol avec la note inférieure reproduit l'intonation du *fa* avec le *mi* . On passera de cette façon en revue les cinq premiers dièzes et les cinq premiers bémols en prenant tour à tour un ♯ puis un ♭ selon l'ordre de ces accidents à la clef. Toutefois on évitera dans cette phase d'employer le demi-ton chromatique *sol-sol* ♯ ; *si-si* ♭ et on ne fera pas entonner deux accidents de suite.

3° Après cela on expliquera aux élèves ce que c'est que la gamme majeure, quelle est la position des demi-tons dans cette gamme, toujours en s'aidant du tableau. — On fera comprendre l'utilité du *mi* ♯ du *si* ♯ de l'*ut* ♭ et du *fa* ♭ en expliquant les gammes où ces notes se rencontrent.

5° On exercera les élèves aux demi-tons chromatiques (*fa-fa* ♯ ; *si-si* ♭ etc.)

6° On expliquera la constitution de la gamme mineure, les rapports qu'elle a avec la gamme majeure, etc.

7° On expliquera ce que c'est que le double dièze ✕, et le double bémol ♭♭ on en fera faire l'intonation, toutefois on n'ira pas plus loin que l'*ut* ✕ et le *mi* ♭♭ .

Remarques sur la manière d'étudier les tableaux des durées.

(N. B. L'élève est censé connaître théoriquement les valeurs absolues et leur rapport mutuel ; expliqués dans les sept premières leçons de la 1ʳᵉ partie de cet ouvrage.)

1° On étudiera à la baguettes les trois tableaux A, B, C, dans l'ordre indiqué par les chiffres en marge. On collera des bandes de papier ou autres sur les lignes, en ne découvrant qu'une à la fois, dans l'ordre des chiffres ; les lignes 1 et 2 étant bien connues on passera de l'une à l'autre en mêlant les exercices, et ainsi de suite jusqu'à la fin du tableau.

2° En commençant l'étude de la colonne 1 (noire), 2 (croche) et 15 (double-croches) on comptera d'abord la valeur des notes *en nombres*, avant d'y appliquer le nom d'une note.

Ainsi l'on dira pour les noires dans le tableau A :

pour les croches dans le tableau A :

pour les croches dans le tableau B :

pour les doubles croches dans le tableau A :

pour les doubles croches dans le tableau B :

3° En disant les valeurs plus grandes que le temps, on appuiera le commencement de chaque temps, par exemple pour la Ronde do—o—o—o.

4° Pour les silences quels qu'ils soient on dira *chut !*

Exemple spécimen de la manière d'enseigner.

Sans intonation pendant deux ou trois mois :

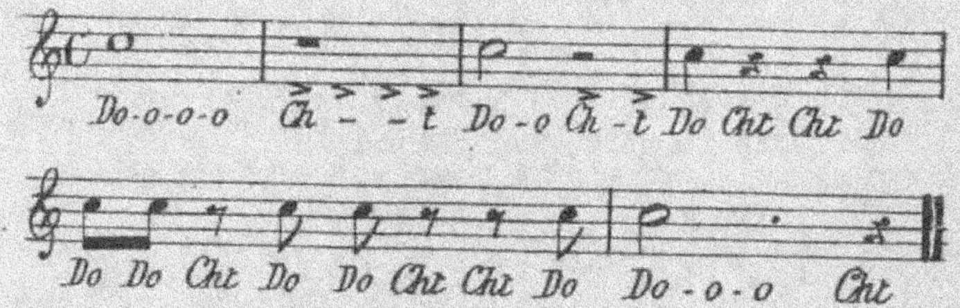

3° On fera appuyer le point après une noire avec une grande énergie.

6° On fera répéter chaque mesure une dixaine de fois avant de passer à une seconde.

7° On ne passera au tableau B que quand le tableau A sera connu à fond, on fera de même pour le tableau C.

8° On passera graduellement aux exercices de la 2ᵈᵉ partie de cet ouvrage selon le degré d'avancement des élèves.

Tableau des Intonations.

A Tableau des Mesures à division binaire du Temps.

L'unité du Temps est la noire. (♩)

La Mesure est à 2, 3 ou 4 Temps.

N. B. La Pause vaut toujours une Mesure entière quelle que soit la Mesure.

Quatre Temps s'expriment par la Ronde (𝅝) ou la Pause (𝄻).

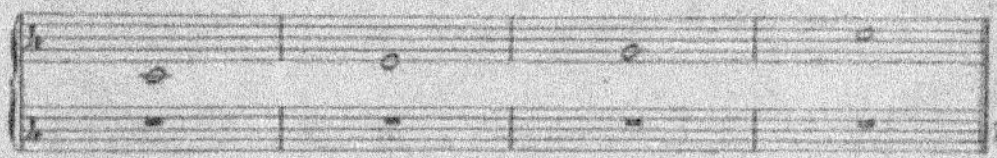

Trois Temps s'expriment par la Blanche suivie d'un point. (𝅗𝅥.)

Deux Temps s'expriment par la Blanche (𝅗𝅥) ou la Demi-pause. (𝄼).

Un Temps s'exprime par la Noire (♩) ou le Soupir (𝄽) ou (𝄾)

Le Temps se divise en Deux parties égales.
La moitié du Temps est exprimée par la Croche (♪) ou le demi-soupir (𝄾)

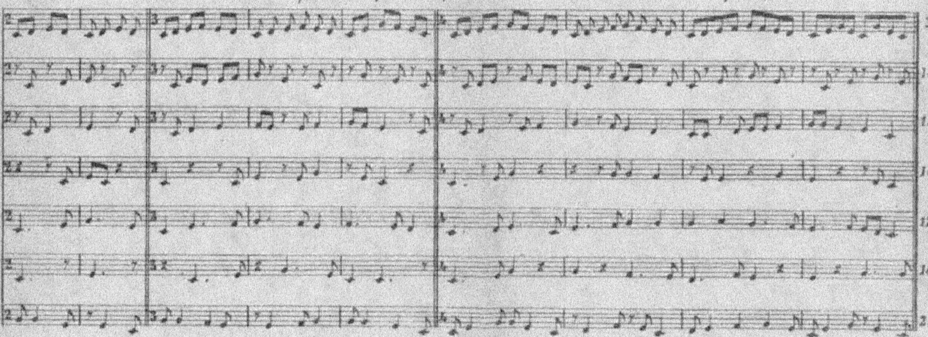

Le Demi-temps se subdivise en deux parties égales, ce qui produit des Quarts de Temps.
Le Quart du Temps s'exprime par la double-croche (𝅘𝅥𝅯) ou le quart de soupir (𝄿)

B

Tableau des Mesures à division Ternaire du Temps.

L'unité du Temps est la noire pointée. (♩.)

La Mesure est à 2, 3 ou 4 Temps.

Quatre Temps *s'expriment par la Ronde suivie d'un point.*

N. B. La Pause vaut toujours une Mesure entière quelle que soit la Mesure.

Deux Temps *s'expriment par la Blanche suivie d'un point. (⊣) ou la Demi-pause pointée. (═)*

Un Temps *s'exprime par la Noire pointée (⊣)*

Le Temps *se divise en trois parties égales.*
Le tiers du Temps est exprimé par la Croche (♪) ou le demi-soupir (𝄾)

Le tiers du temps *se subdivise en deux parties égales, ce qui produit des Sixièmes de Temps.*
Le Sixième du Temps s'exprime par la double-croche (♬) ou le quart de soupir (𝄿)

C Tableau supplémentaire des Mesures Simples.

L'unité du Temps est la blanche (♩)

La Mesure est à 2 Temps. (alla brève) 2 ou ₵ .

Deux Temps s'expriment par la Ronde (o) ou la Pause (▬).

Le Temps est exprimé par la Blanche (♩) ou la Demi-pause. (▬).

La moitié du Temps est exprimée par la Noire (♩) ou le Soupir (𝄾) ou (𝄿)

Le Quart du Temps s'exprime par la Croche (♪) ou le demi-soupir (𝄾)

Mesure de trois huit ($\frac{3}{8}$)

L'unité du Temps est la croche (♪)

Trois Temps s'expriment par la Noire suivie d'un point. (♩.)

Deux Temps s'expriment par la noire (♩) ou le Soupir (𝄾) ou (𝄿)

Un Temps s'exprime par la Croche (♪) ou le demi-soupir (𝄾)

Le Demi-temps s'exprime par la double-croche (♬) ou le quart de soupir (𝄿)